Claudia Lorenz-Ladener

Milch von Pflanzen aus dem Garten

25 Pflanzen – 50 Rezepte

ökobuch

Als Erstes ...

An dieser Stelle möchte ich meinem Mann Heinz – Lebensgefährte seit fast einem halben Jahrhundert – ganz herzlich für die schöne Gestaltung des Buches und die vielen Tipps zum Inhalt danken!
Mögen wir noch viele Jahre miteinander kreativ sein!

Hinweis

Alle Angaben und Arbeitsanleitungen in diesem Buch wurden nach bestem Wissen und Gewissen zusammengestellt, eine Gewähr für die Richtigkeit wird jedoch nicht übernommen. Infolgedessen lassen sich für die praktische Umsetzung des hier Dargestellten keine Haftungsansprüche gegenüber der Autorin oder dem Verlag ableiten.

Bibliografische Information
der Deutschen Nationalbibliothek

Die Deutsche Nationalbibliothek verzeichnet diese Publikation in der Deutschen Nationalbibliografie; detaillierte bibliografische Angaben sind im Internet unter http://dnb.d-nb.de abrufbar.

Unsere Bücher werden nach höchsten Ansprüchen an Nachhaltigkeit und Ökologie produziert und wir optimieren ständig weiter:

- Papiere und Pappen sind FSC® oder PEFC™ zertifiziert
- Druckfarben auf Pflanzenölbasis
- Druckplattenbelichtung komplett chemiefrei
- Klebstoffe lösungsmittelfrei
- 100% Öko-Strom bei Druck und Bindung
- Müllvermeidung und Recycling bei der Produktion
- kurze Wege, gedruckt in Deutschland

ISBN 978-3-947021-26-0

1. Auflage 2022

Königstr. 43, 26180 Rastede
E-Mail: verlag@oekobuch.de
http://www.oekobuch.de

Druck: Grafisches Centrum Cuno, Calbe

FSC
www.fsc.org
MIX
Papier aus verantwortungsvollen Quellen
FSC® C043106

Fotonachweis:

Alle Abbildungen stammen von der Autorin, außer S. 9 und Porträt Coverrückseite (Heinz Ladener) sowie S. 49 (Manfred Kiefer).

Inhalt

Vorwort ... 4
Warum Pflanzenmilch? ... 6
Was ist Pflanzenmilch? ... 7
Pflanzenmilch ist keine Erfindung d. Neuzeit ... 8

Welche Pflanzen für Milch? ... 9
Ertragswerte ... 10

Kurzanleitung: Pflanzen aus Samen ziehen ... 12

Getreide und Pseudogetreide ... 19
Getreide statt Rasen im Garten? ... 20
Kleiner Getreidesteckbrief ... 23
Pseudogetreide ... 27
Amaranth ... 27
Buchweizen ... 29
Quinoa ... 30

Nüsse und Steinfrüchte im Garten ... 32
Haselnüsse ... 33
Einen Walnussbaum selbst ziehen ... 35
Esskastanien (Edelkastanien) ... 37
Mandeln ... 39

Ölsaaten im Garten ... 43
Nutzhanf anbauen ? ... 43
Leinsamen ... 43
Sesam im Garten ... 45
Sonnenblumen im Garten ... 46
Kürbisanbau ... 48

Hülsenfrüchte anbauen ... 50
Bohnen ... 51
Beliebte Bohnen im Garten und auf dem Balkon ... 55
Erbsen ... 57
Kichererbsen ... 59
Süßlupinen ... 60
Sojabohnenanbau im Garten ... 62

Erdmandeln (Tigernüsse) ... 65

Bezugsquellen für Samen ... 67

Milch von glücklichen Pflanzen ... 68
Nun geht es ans Milchen ... 69
Küchenhelfer für das Milchen ... 70
Vor dem Milchen keimen lassen ... 72

Süßungsmittel, Gewürze und weitere Milchzutaten ... 74
Milchzutat Öl ... 78
Verdickungsmittel ... 78
Milchzutat Lecithin ... 79

Vom Korn zur Milch – Pflanzenmilch aus Getreide ... 81
Milch aus Getreidekörnern ... 82
Milch aus Getreideflocken ... 84
Amaranthmilch ... 86
Milch aus Buchweizen, Dinkel, Gerste und Hafer ... 87
Milch aus Hirse und Kanariengras ... 88
Milch aus Zuckermais ... 89
Milch aus Quinoa, Roggen und Weizen ... 90

Milch aus Nüssen und Steinfrüchten ... 91
Milch aus Haselnüssen ... 93
Milch aus Walnüssen ... 95
Milch aus Esskastanien (Edelkastanien) ... 96
Milch aus Mandeln ... 99

Milch aus Ölsaaten ... 101
Milch aus Nutzhanf ... 101
Milch aus Kürbis ... 103
Milch aus Leinsamen ... 104
Milch aus Sesam ... 106
Milch aus Sonnenblumenkernen ... 107

Milch aus Hülsenfrüchten ... 109
Milch aus Bohnen ... 110
Milch aus Erbsen ... 112
Milch aus Kichererbsen ... 114
Milch aus Süßlupinen ... 116

Milch aus Knollen ... 119
Milch aus Kartoffeln ... 119
Milch aus Süßkartoffeln ... 120
Milch aus Erdmandeln ... 122

Trester/Pulpe – Was tun mit Rückständen? ... 124

Vorwort

Pflanzenmilch: die meisten kennen sie längst und mögen sie – im Müsli, als Getränk oder in süßen wie herzhaften Speisen. Gab es am Anfang nur Sojamilch zu kaufen, ist das Angebot in den Lebensmittelläden zunehmend vielfältiger geworden.

Im eigenen Haushalt wechselten wir anfangs meist zwischen Soja-, Mandel- und Hafermilch – und entsorgten jahrelang die leeren Tetrapacks in die gelben Recycling-Säcke. Das erhebliche Müllaufkommen brachte mich irgendwann auf die Idee, die Pflanzenmilch selbst herzustellen. Dabei achtete ich darauf, für die Milchherstellung möglichst nur Rohstoffe aus heimischem Anbau zu verwenden. Unter heimisch verstehe ich, dass der pflanzliche Grundstoff im biologischen Anbau in Deutschland oder zumindest in Europa möglich ist. Pflanzenmilch aus Reis, Kokos und Cashew-Nüssen etc. scheidet daher für mich aus. Solche Milchsorten werden in diesem Buch auch nicht weiter behandelt.

Bei meinen Experimenten habe ich viel gelernt: z.B., dass Soja auch in Deutschland gedeiht, Amaranth sowieso, und auch von Süßlupinen sind hierzulande Ernten möglich. Und Mandelbäume gedeihen in süddeutschen Weinanbaugebieten seit Urzeiten. So entstand die Idee, mit Pflanzen zu experimentieren, die im eigenen Garten oder sogar auf dem Balkon wachsen, und Milch daraus herzustellen – der kürzeste Weg, den ein Lebensmittel bis zum Verbrauch haben kann! In Büchern, in Blogs und YouTube-Filmen fand ich viele spannende Anregungen, von Altbewährtem bis hin zu den Erkenntnissen und Kreationen experimentier- und pflanzfreudiger Hobbygärtner*innen. Um die Pflanzen wird es im ersten Teil dieses Buches detaillierter gehen. Hier sind in kurzer Form Pflanzen aufgeführt, die im Garten oder auf dem Balkon angebaut werden können. Im zweiten Teil habe ich beschrieben, wie es einfach und sicher gelingt, aus Getreide, Nüssen, Ölsaaten und Hülsenfrüchten bzw. aus den Ernten der im 1. Teil beschriebenen Pflanzen die verschiedenen Pflanzenmilch-Sorten herzustellen.

Einige der zur Milchherstellung geeigneten Pflanzen können auch im kleinen Hobbygarten einen reichen Ertrag bringen! Sollte dies, aus welchen Gründen auch immer, nicht möglich sein oder die Ernte zu karg ausfallen, können alle Zutaten natürlich auch im Bioladen eingekauft werden. Die Einblicke in die Natur und die manchmal nicht sofort erkennbare Schönheit der Nutzpflanzen, die Freude an deren Wachstum und die Beobachtung, wie die Tierwelt auf sie reagiert, sind es aber wert, jenseits der Aufzucht von Zucchini, Möhren und Salat mal anzufangen, einige Quadratmeter Gartenfläche für

Das Angebot an Pflanzenmilch wird immer größer.

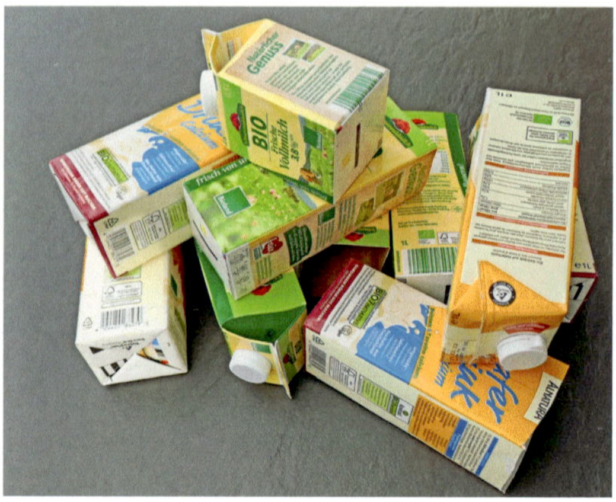

Die leeren Tetrapacks schaffen viel Müll.

Pflanzenexperimente dieser Art zu opfern und obendrein ganz nebenbei auch für mehr Vielfalt in unseren Gartenlandschaften zu sorgen. Wer Gefallen daran findet, wird dann sicherlich nach Wegen suchen, im Laufe der Jahre diese Art der Pflanzenzucht auszudehnen ...

Im Mai 2022 *Claudia Lorenz-Ladener*

Noch ein Hinweis: Bei den einzelnen Pflanzen werden keine Sortennamen angegeben, da die Eignung bestimmter Sorten regional durchaus verschieden sein kann und die jeweils am besten geeigneten bei Gärtnereien vor Ort oder bei Spezialversendern im Internet erfragt werden können.

Einige Pflanzen, aus deren Ernte sich Milch herstellen lässt.

Warum Pflanzenmilch?

Es gibt einige Gründe, um von Kuhmilch auf Pflanzenmilch umzusteigen. Immer mehr Menschen achten darauf, sich möglichst nachhaltig zu ernähren und ihren CO_2-Fußabdruck möglichst klein zu halten. Milch aus Pflanzen als Alternative zu Milch aus tierischer Herkunft ist ein Schritt dazu, auch für Menschen, die sich nicht rein pflanzlich ernähren wollen. „Milch macht müde Männer munter" war ein Slogan aus dem letzten Jahrhundert; und ja, wir kommen alle als Milchtrinker*innen auf die Welt! Zwei Drittel der Menschheit entwickelt aber nach dem Kleinkinderalter eine Laktoseintoleranz, d.h. diese Menschen vertragen keine Kuhmilch, ohne gesundheitliche Beeinträchtigungen (Knochenaufbau). Insgesamt haben Nahrungsmittelunverträglichkeiten in den letzten Jahren stark zugenommen, so auch z.B. Allergien gegen Milcheiweiß.

Die heutige Haltung von Milchkühen ist oftmals alles andere als tiergerecht und schafft viel Tierleid (siehe Kasten). Zudem schaden die weltweite Massentierhaltung und die industrielle Landwirtschaft der Umwelt und dem Klima. Durch importierte Futtermittel wie Soja werden großflächige Lebensräume (z.B. der Regenwald in Brasilien) zerstört. Rinder sind zudem Wiederkäuer und produzieren große Mengen an klimaschädlichem Methan. Es heißt, dass die Herstellung von einem Liter Kuhmilch im globalen Durchschnitt die gleiche Klimawirkung entfaltet wie der Verbrauch von einem Liter Benzin. Und dass die heutige Viehwirtschaft mehr Treibhaus-

Tierleid

Vor 100 Jahren gab eine durchschnittliche Kuh etwa 10 Liter Milch am Tag ab, in der heutigen Massentierhaltung sind es zwischen 40 und 50 Liter pro Tag und Kuh. Dadurch sind die Euter überstrapaziert, schmerzempfindlich und die Kühe leiden oft an Entzündungen. Kühe, die für die industrielle Milchwirtschaft gezüchtet werden, haben nie eine Weide gesehen, sie müssen meist in extrem beengten Verhältnissen leben und sind psychisch und körperlich gestresst, auch durch Gaben von Hormonen, Antibiotika und anderen Medikamenten.

Umweltwirkung von Kuhmilch vs. Pflanzenmilch

Kuhmilch hat eine schlechte Ökobilanz: Im Vergleich zu Milchalternativen aus Pflanzen schneidet Kuhmilch schlecht ab, da weltweite Massentierhaltung und industrielle Landwirtschaft der Umwelt und dem Klima schaden. Grafik aus: https://albert-schweitzer-Stiftung.de/aktuell/oekobilanz-pflanzen

gase produziert als Flug-, Schiff- und Straßenverkehr zusammen. Eine Studie der Oxford University kam zu dem Schluss, dass eine vegetarische oder vegane Ernährung die wirkungsvollste Einzelmaßnahme ist, um den eigenen ökologischen Fußabdruck zu verkleinern.

Was ist Pflanzenmilch?

Anders als die Milch von Tieren kommt Pflanzenmilch bekanntermaßen nicht aus einem Euter, sondern wird als Emulsion aus einer zerkleinerten pflanzlichen Hauptzutat (Früchte, Getreide, Nüsse etc.) und Wasser hergestellt und meist mit weiteren Zutaten verfeinert. Pflanzenmilch kann farblich Milch aus tierischen Quellen ähnlich sein und ebenso nicht nur als Getränk, sondern auch zum Backen, Kochen oder im Dessert verwendet werden. Und doch ist Pflanzenmilch ein völlig eigenes Lebensmittel, mit einem etwas anderen Geschmack. Eine Milch, z.B. aus Hafer, Wasser und einer Prise Salz als Aromaverstärker, wird allerdings kaum anders schmecken als eben eine Mischung aus püriertem Hafer, Wasser und Salz. Wer sich geschmacklich nicht damit anfreunden kann, dass Pflanzenmilch nach der Grundzutat schmeckt, aus der sie hergestellt wird, kann mit Süßungsmitteln, (Trocken-)Früchten und Gewürzen leicht ganz eigene Geschmacksnoten schaffen.

Die Nährwerte von Tiermilch und Pflanzenmilch zu vergleichen, macht nicht viel Sinn – beide Produkte reichen für sich allein genommen für eine gesunde Ernährung nicht aus. Nährstoffe in tierischer Milch wie z.B. Vitamin B12, die in Pflanzenmilch fehlen, oder wie Kalzium und Protein nur zu einem geringen Anteil vorkommen, lassen sich bei einer abwechslungsreichen und ausgewogenen Ernährung sehr gut durch andere Lebensmittel ersetzen. Andererseits hat Pflanzenmilch im Vergleich zu tierischer Milch den Vorteil, dass sie mehr gesundheitlich vorteilhafte ungesättigte Fettsäuren enthält, weniger gesättigte Fettsäuren und kein Cholesterin. Nicht gefilterte Pflanzenmilch hat außerdem oftmals viele Ballaststoffe, was sich ebenfalls positiv auf den menschlichen Fettstoffwechsel auswirkt.

Noch ein Plus für die Pflanzenmilch: Die Hauptbestandteile von Pflanzenmilch – Nüsse, Getreide, Hülsenfrüchte etc. – können lange bevorratet werden, so dass Milch hergestellt werden kann, wann immer sie gebraucht wird, auch wenn kein Laden in erreichbarer Nähe ist. Und die eigenen Milchkreationen können überdies durch entsprechende Zusätze so verändert werden, dass sie reich an Nährstoffen sind.

Pflanzenmilch aus dem Laden

Inzwischen hat sich die Industrie gut darauf eingestellt, nicht nur Soja-, Mandel-, Kokos- und Hafermilch anzubieten. Die Palette ist viel größer geworden. Doch manche industriell hergestellte Pflanzenmilch ist nicht unbedingt auch natürlich; die gekauften Produkte werden oftmals mit allerlei industriellen Zusatzstoffen versehen, die nicht jede/r unbedingt in der Milch haben möchte, auch wenn sie dadurch länger haltbar wird und mehr wie Milch von Tieren schmeckt. Zudem verursachen die käuflichen Milchalternativen in Tetrapacks, die aus rechtlichen Gründen nicht Pflanzenmilch, sondern Pflanzendrinks genannt werden müssen, jedes Jahr riesige Mengen an Kunststoffmüll.

Pflanzenmilch ist keine Erfindung der Neuzeit

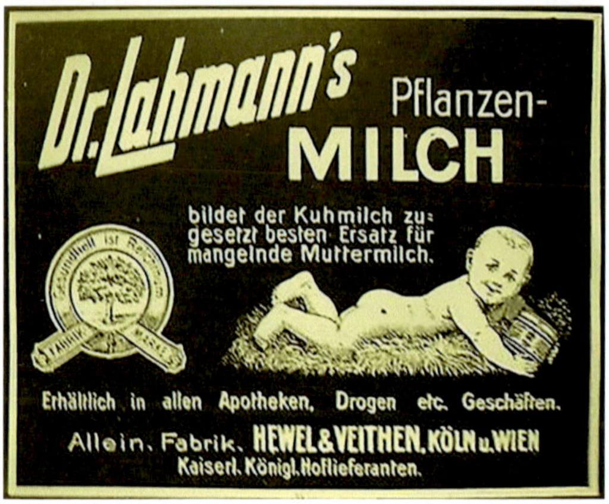

Schon in der Antike war die Herstellung von pflanzlicher Milch, d.h. die Technik der Filterung und des Emulgierens von gemahlenem Saatgut verbreitet. Milch tierischen Ursprungs wurde schnell sauer und konnte Krankheiten von Tier zu Mensch übertragen. Im Mittelalter waren in Kochbüchern Rezepte aufgeführt, deren Zutatenliste Milch aus Mandeln, Haselnüssen oder auch Reis enthielt. Im ersten, um 1350 in deutscher Sprache verfassten Kochbuch „Bůch von gůter spîse“ (Das Buch von guter Speise) ist die Bedeutung von Pflanzenmilch beim Kochen erwähnt. Ab Ende des 15. Jahrhunderts wurde in Nordeuropa Pflanzenmilch aus Walnüssen und Kastanien hergestellt, und wer es sich leisten konnte, verwendete vorzugsweise Mandeln aus dem Mittelmeerraum. In einigen Regionen Spaniens stellten Familien Milch aus Erdnüssen, Kürbiskernen, Mandeln und anderen wilden und nahrhaften Samen her, sowohl für den Eigenbedarf als auch zum Verkauf. Als „modische“ Pflanzenmilch galt Milch aus Erdmandeln, die ab dem 18. Jahrhundert bis heute („horchata de chufa“) in Spanien verkauft und im Sommer gerne als gekühltes Getränk zu sich genommen wird. In Anzeigen aus dem Jahr 1911 wird in Deutschland „Dr. Lahmann's vegetabile Milch“, der Kuhmilch zugesetzt, als „bester Ersatz für mangelnde Muttermilch“ bezeichnet. Und in einer anderen Anzeige heißt es „löst vollkommen die Aufgabe, die Thiermilch (Kuh- oder Ziegenmilch) zu einem vollwerthigen Ersatz für Muttermilch zu machen“.

Vorsicht: Diese Werbeslogans sind natürlich sachlich nicht haltbar! Denn Muttermilch ist eine nähr- und vitalstoffreiche Alleinnahrung für Säuglinge, während Pflanzenmilch auch in der Mischung mit Tiermilch für Kleinstkinder weder eine hinreichend nährstoffreiche Zusatznahrung ist und schon gar nicht als Alleinernährung dienen kann! Pflanzliche Milch allein ist absolut nährstoff- und vitalstoffarm!

Welche Pflanzen für Milch?

Nachfolgend werden Pflanzen beschrieben, die in unseren Gärten gedeihen und aus deren Ernte Milch gemacht werden kann. Der kleine Streifzug durch die Welt dieser Pflanzen informiert in kurzer Form über Anbau, Ernte und Lagerung. Entscheidend für die Wahl, welche Pflanze(n) angebaut werden sollen, sind natürlich die verfügbare Anbaufläche, das regionale Klima und die Bodenbeschaffenheit. Nicht unwesentlich sind aber auch Antworten auf Fragen wie: Welche Pflanzen sind einfach anzubauen, brauchen wenig Pflege und liefern einen guten Ertrag? Welche sind eher für Menschen geeignet, die mal etwas Ungewöhnliches im Garten oder auf dem Balkon haben möchten und nicht ertragsorientiert sind? Daneben ist auch die (subjektive) Einschätzung wichtig, welche Art von Pflanzenmilch bevorzugt wird, weil sie gut schmeckt und/oder vielfältig eingesetzt werden kann. Kaum jemand wird alle vorgestellten Pflanzen anbauen wollen, sondern sich für die eine und/oder andere entscheiden. Die Autorin hat als Erfahrung für dieses Buch alle vorgestellten Pflanzen in kleinen Versuchsfeldern angebaut und für sich entschieden, dass ihre Favoriten derzeit *Erdmandeln* und *Mais* sind. *Erdmandeln* können selbst auf sonnigen Balkonen angepflanzt werden und bringen in Hochbeeten eine reichliche Ernte. Erdmandelmilch schmeckt außerdem phantastisch! Da sie keine Nüsse sind, aber ein nussiges Aroma haben, sind sie auch für Menschen mit Nussallergie eine sehr gute Wahl. *Zuckermais* wiederum, eine Pflanze, die auch als sommerlicher Sicht- und Windschutz dienen kann, ist problemlos anzupflanzen und schmeckt, zu Milch verarbeitet, warm oder kalt serviert ganz ausgezeichnet.

Aber auch die überreifen Samen von *Hülsenfrüchten* aller Art sind als Alternative zu tierischer Milch schmackhaft in süßen und herzhaften Gerichten. Der Anbau der ertragreichen Gartenbohnen und Erbsen hat in unseren Hausgärten eine lange Tradition. Prunkbohnen, auch Feuerbohnen oder Käferbohnen genannt, bieten nebenbei als rotblühende Sorten im Garten wie auf dem Balkon nicht nur einen besonders schönen Blickfang, sondern können auch Sichtschutzgitter dekorativ begrünen.

Unter den empfehlenswerten Pflanzen gibt es aber absolute Favoriten: *Die Nüsse!* Ob Walnüsse, Esskastanien, Haselnüsse oder Mandeln (die eigentlich Steinfrüchte und keine Nüsse sind) – wer einen Nuss- oder Mandelbaum beernten kann, braucht sich um den Rohstoff für leckere Pflanzenmilch keine Gedanken mehr zu machen. In vielen Regionen Deutschlands prägen üppig tragende Nussbäume und -sträucher das Landschaftsbild mit. Nicht selten können ihre Früchte auch kostenlos gesammelt werden, ohne sich des Mundraubs strafbar zu machen. Seit einiger Zeit signalisieren mancherorts gelbe oder grüne Bänder an Bäumen auf öffentlichen Flächen wie Parks, an Wegbegrenzungen und Waldrändern: „Hier darf die Ernte für den Eigenbedarf kostenlos und ohne Rücksprache mitgenommen werden." So ist es auch für Menschen ohne Garten oder Balkon möglich, sich einen ordentlichen Wintervorrat an Nüssen zuzulegen. Und im Garten angepflanzt, sind Nussbäume und Sträucher

Die Autorin bei Pflanzvorbereitungen.

ein Generationengeschenk, sie können über 100 Jahre alt werden!

Auch Milch aus Getreide und Pseudogetreide kann sehr fein sein, nach wie vor ist Hafermilch der beliebteste käufliche Pflanzendrink. Wer unter Zöliakie leidet, verträgt glutenfreie Getreidemilch aus Hirse, Mais und den Pseudogetreiden Amaranth, Quinoa und Buchweizen problemlos und oftmals auch glutenarme Hafermilch. Allen, die selbst mal hobbymäßig im Garten (Pseudo-)Getreide angebaut haben, bleibt nach der Mühsal der Ernte von Hand und der Aufbereitung auf jeden Fall ein großer Respekt vor unseren bäuerlichen Vorfahren! Insofern kann es reizvoll sein, auf ein paar Quadratmetern im Garten mal Getreide statt Rasen anzubauen, auch wenn die Ernte schlussendlich dann vielleicht doch nur aus ein paar Handvoll Körnern bestehen wird!

Die hübschen blauen Blüten von *Leinsamen* und die prächtig blühenden *Sonnenblumen* sind ein Hingucker in jedem Garten. Auch aus ihren Samen lässt sich aromatische Milch machen. Die Ernte der Samen gehört allerdings ebenfalls eher in die Reihe *„Was ich schon immer mal ausprobieren wollte"*, ebenso der Anbau von Sesam, der in unseren Breiten mit seiner langen Wachstumsphase am besten im Wintergarten aufgehoben ist, soll er nennenswert Ernte bringen. Und über den erfolgreichen Anbau von Hanf wird frühestens in einer späteren, erweiterten Fassung dieses Buches etwas stehen können ...

Ertragswerte

Für einen Liter vegetarische oder vegane Milch sind je nach Rezept und Vorliebe gewöhnlich zwischen 80 und 200 g Körner, Samen oder Nüsse nötig. Für alle, die ihre Pflanzen für Milch selbst anbauen wollen, sind im Folgenden ein paar Daten aufgeführt, die einen groben Überblick über die Erträge im Anbau und die Ergiebigkeit für die Milchproduktion geben können. So lässt sich ausrechnen, wie groß die heimische Anbaufläche sein sollte, um aus der Ernte eines Jahres genügend Milch herstellen zu können. Es sind nur sehr ungefähre Werte, die tatsächlichen Ernteerträge sind natürlich von einer Reihe von Faktoren abhängig, wie vom Standort, dem Klima, der Bodenqualität, dem sortenspezifischen Ertrag, der Pflege etc. Die Zahlen stammen aus verschiedenen Quellen und geben Erträge aus dem professionellen Anbau in Deutschland an. Die Angaben weichen dabei manchmal weit voneinander ab. Im Hobbygarten werden sicherlich

Eines von mehreren kleinen Versuchsfeldern im Garten...

.... alle mit automatischer Bewässerung

geringere als die angegebenen Erträge zu erzielen sein, zumal neben den oben aufgeführten Faktoren beim Ernteertrag auch noch gärtnerisches Können keine unwesentliche Rolle spielt.

Flächenerträge

	Hektarertrag dt/ha	m^2-Ertrag g/m^2
Getreide/Pseudogetreide		
Amaranth	20	200
Buchweizen	5 - 30	50 - 300
Dinkel	bis 70	bis 700
Einkorn (Spelze + Korn)	15 - 30	150 - 300
Emmer (Spelze + Korn)	ca. 42	ca. 420
Gerste	bis 68	bis 680
Hafer	ca. 46	ca. 460
Quinoa	bis 3	bis 30
Rispenhirse	ca. 25	ca. 250
Roggen	ca. 55	ca. 550
Zuckermais	bis 115	bis 1.150
Ölsaaten		
Leinsamen	5 - 15	50 - 15
Sesam	3,8	38
Sonnenblumenkerne	20	200
Ölkürbiskerne	5 - 6	50 - 60
Hülsenfrüchte		
Stangenbohnen		2000 - 4000
Buschbohnen		1000 - 2000
Feuerbohnen		1700 - 2600
Dicke Bohnen		1500
Palerbsen		1500
Kichererbsen	10 - 25	100 - 200
Süßlupinen	25 - 40	250 - 400
Sojabohnen	ca. 30	ca. 300
Nüsse und Steinfrüchte		
Haselnuss: Vollertrag ab 10. Standjahr 2 - 12 kg/Baum		
Edelkastanie: Vollertr. 10.-12. Standjahr 20 - 50 kg/Baum		
Walnuss: Vollertrag ab 12. Standjahr ca. 35 kg/Baum		
Mandeln: Vollertrag ab 4.-5. Standjahr 30-40 kg/Baum		

1 dt = 1 Dezi-Tonne = 100 kg

1 ha = 1 Hektar = 100 m x 100 m = 10.000 m^2

„Milchpflanzen“:
Amaranth – Soja – Süßlupine – Buchweizen.

Kurzanleitung: Pflanzen aus Samen ziehen

Warum Pflanzen aus dem Gartenmarkt kaufen? Selbst aussäen ist eine kreative, nicht schwierige Tätigkeit, und es macht Spaß, Pflanzen zum Leben zu erwecken.

Samen im Garten direkt in ein Beet oder auf dem Balkon in einen Pflanztopf zu setzen, ist die einfachste Art, Pflanzen aufzuziehen. Auch die Natur sät ihren Nachwuchs immer direkt in und auf die Erde. Es empfiehlt sich aber, frostempfindliche Pflanzen in unseren Breiten besser an einem hellen und warmen Standort (südexponierte Fensterbank, Gewächshaus o.ä.) vorzuziehen und die jungen Pflänzchen erst nach den Eisheiligen Mitte/Ende Mai ins Freie umzusiedeln. Auch wenn die Samen knapp oder schon älter sind bzw. generell schlecht keimen, bietet es sich an, sie vorzuziehen. Bis sich dann aus den Samen Jungpflanzen entwickelt haben, vergeht je nach Pflanzenart und Sorte unterschiedlich viel Zeit.

Dunkelkeimer Bohne – gerade geschlüpft.

Damit die Aufzucht gut gelingt, gilt es vorher Einiges zu bedenken:

- *Licht- oder Dunkelkeimer?* Zuallererst ist es wichtig, zu wissen, ob die ausgewählten Samen zum Keimen Licht oder Dunkelheit brauchen. ***Lichtkeimende Samen*** sind meist klein, leicht und verfügen über keine größeren Energiereserven, weshalb sie unter einer dickeren Erdschicht Mühe haben, sich zu entwickeln. Sie dürfen deshalb bei der Anzucht nur mit sehr wenig Erde bedeckt oder lediglich mit einem Brettchen an die Erde angedrückt werden. Generell besagt eine Faustregel, Saatgut mit so viel Anzuchterde zu bedecken, wie der Samen groß ist. Größere und schwerere Samen wie die von Hülsenfrüchten sind meist ***Dunkelkeimer,*** d.h. eine zu geringe Erdbedeckung ist für sie wiederum wachstumshemmend. Bei Dunkelkeimern gilt die Regel für gutes Wachstum, die Samen doppelt so tief einzusäen wie sie groß sind. Bei gekauftem Saatgut wird gewöhnlich auf dem Tütchen die optimale Saatguttiefe angegeben, ebenso der Abstand, den die einzelnen Samen beim Einsäen zueinander haben sollten.

  Von den Pflanzen in diesem Buch, aus deren Ernte Milch gemacht werden kann, sind ***Lichtkeimer:*** Erdmandel, Hirse, Nackt-Hafer, Nackt-Roggen, Amaranth, Buchweizen, Quinoa, Leinsamen.

  Dunkelkeimer sind: Süßlupinen, Bohnen, Erbsen, Kichererbsen, Kürbis, Mungbohnen, Weizen, Dinkel, Einkorn, Emmer, Kamut, Nackt-Gerste, Hanf, Kanariengras, Mais, Sesam, Sonnenblumen.

  Daneben gibt es auch noch ***Kaltkeimer,*** früher Frostkeimer genannt. Diese müssen – wie z.B. Wal- und Haselnüsse oder Esskastanien – einer Kälte- oder Frostperiode ausgesetzt sein, damit sie keimen. Die Samen von Kaltkeimern werden schon im Herbst im Freiland in die Erde gebracht.

- ***Samen vorkeimen im Glas:*** Damit ein Samen keimt, braucht er Feuchtigkeit. Er saugt sich damit voll und sprengt durch die Wasseraufnahme irgendwann die Samenhülle. Bei hartschaligen großen Samen wie z.B. den Hülsenfrüchten, ist das Einweichen in einem Glas mit Deckel hilfreich. Die Hülsenfrüchte in warmes Wasser geben und an einem warmen Ort so lange quellen lassen, bis sich eine kleine Wurzel zeigt (alle 12 Stunden das Wasser wechseln). *Variante:* Ein flaches Gefäß mit mehreren Lagen feuchtem (aber nicht tropfnassem) Papier oder Küchentuch bzw. feuchter Watte auslegen, die Samen darauf so anordnen, dass sie sich nicht berühren und alles mit feuchtem Papier/feuchtem Tuch zudecken und leicht andrücken. An einen warmen Ort stellen. Mit einer darüber gespannten Haushaltsfolie lässt sich ein feuchtes Klima im Gefäß herstellen. Wenn nach wenigen Tagen die kleinen weißen Wurzeln 3 - 5 mm lang sind, werden die Samen in Anzuchtgefäße mit Erde gesetzt. Das hat den Vorteil, dass nur gekeimte Samen in den Töpfchen landen, die gute Chancen haben, sich weiter zu entwickeln. Nach dem Keimen vertragen die Sämlinge auch eine etwas kühlere Umgebungstemperatur.

- ***Anzucht:*** Auf der Fensterbank oder im Gewächshaus vorgezogene Jungpflanzen haben den Vorteil, dass sie durch die höheren Innentemperaturen einen Wachstumsvorsprung erhalten. Außerdem sind sie im Freiland dann weniger anfällig für Schneckenfraß. Ein Wachstumsvorsprung der vorgezogenen Jungpflanzen entsteht aber nur, wenn sie ab etwa 10°C Außentemperatur vor dem Auspflanzen zur Abhärtung einige Tage dosiert dem Wetter im Freien ausgesetzt werden, d.h. morgens in Freie und abends wieder ins (Gewächs-)Haus. Im Frühjahr – nach den Eisheiligen Mitte/ Ende Mai – werden die Jungpflanzen dann in das vorgesehene Beet ausgepflanzt.

- ***Anzuchterde:*** Im Handel gibt es spezielle feinkörnige, nährstoffarme und gut Wasser speichernde Aussaat- oder Anzuchterde. Es ist aber auch möglich, ganz normale Gartenerde oder Blumenerde aus dem Gartenmarkt zu

Anzuchtbehälter aus kompostierbaren Töpfchen, WC-Papierrollen, Tetrapacks und Eierkartons.

benutzen. Sie sollte wenig Nährstoffe enthalten, damit sich die Pflanze ihre Nährstoffe suchen muss und dabei vermehrt Wurzeln bildet. Diese Erden werden vorher am besten sterilisiert, um sicher zu gehen, dass keine Schädlinge oder Pilzsporen die empfindlichen Keimlinge befallen: Die Erde gut anfeuchten (aber nicht durchnässen), flach auf einem Kuchenblech ausbreiten und bei 200°C im vorgeheizten Backofen etwa 20 - 25 Minuten lang sterilisieren. Wenn die Erde völlig ausgekühlt ist, wieder anfeuchten und in die Anzuchtbehälter einfüllen.

- *Anzuchtgefäße:* Zum Vorziehen sind viele Gefäße möglich, nicht nur Blumentöpfchen oder biologisch abbaubare Anzuchtbehältnisse aus dem Handel, die mitsamt dem Sämling später in die Erde ausgepflanzt werden können. Auch Tetrapacks von Lebensmitteln können wiederverwertet werden, Joghurtbecher, Eierkartons oder auf Untersetzer gestellte Klopapierrollen, die unten gefaltet wurden. Unabhängig davon, was als Behältnis zum Einsatz kommt, es muss genügend Raum für die Wurzelbildung des Samens vorhanden sein (dabei beachten, ob die Pflanze tief oder flach wurzelt). Weiterhin gilt es darauf zu achten, dass die Erde konstant feucht – aber nicht nass – ist. Deshalb sollten die Anzuchtgefäße unten mit Drainagelöchern versehen sein, damit überschüssiges Gießwasser abfließen kann. Die Anzuchttöpfchen am besten, solange die Samen noch nicht gekeimt sind, nur von unten (ohne Staunässe!) wässern, um nicht beim Gießen die Samen wieder freizulegen. Danach die Erde von oben vorzugsweise mit einer Sprühflasche befeuchten. Umtopfen in ein größeres Gefäß ist nötig, wenn sich an der Unterseite des Gefäßes Wurzeln zeigen. Vorsicht beim Umtopfen, damit die Wurzeln der Sämlinge nicht beschädigt werden! Bei Gefäßen aus unbeschichteter Pappe oder kompostierbaren Töpfchen ist es möglich, sie im Garten mit einzupflanzen. Das ist besonders dann sinnvoll, wenn die Wurzeln schon in das Behältnis eingewachsen sind.

Übrigens:
Werden Jungpflanzen zart massiert, soll dies für ihr Wachstum förderlich sein und sie kräftigen.
(aus: Weiler, Elmar W.: Wie Pflanzen fühlen. Spektrum der Wissenschaft, März 2000, S. 60-66).

Amaranth (links) und Leinsamen (rechts) aus dem Bioladen wachsen hier gut an.

- ***Pikieren bzw. Ausdünnen:*** Keimen mehrere Samen zusammen im Anzuchttöpfchen, können sie nicht gut gedeihen, wenn sie zu eng stehen. Deshalb werden die kräftigsten Sämlinge umgetopft, wenn sich nach den Keimblättern die ersten richtigen Blätter zeigen. Das Vereinzeln von Sämlingen aus einem gemeinsamen Anzuchtbehälter in eigene Töpfchen wird als Pikieren bezeichnet. Dies geschieht professionell mit einem Pikierstab aus Holz, der ein spitzes Ende hat, oder alternativ mit einem Bleistift, einem Löffelstiel oder auch dem eigenen Zeigefinger. Die Erde etwas anfeuchten, in der sich der Sämling befindet, damit er sich leichter herauslösen lässt; dann mit dem Pikierstab den Sämling vorsichtig aus der Erde hebeln, damit so wenig Wurzeln wie möglich beschädigt werden. Die Wurzeln um etwa ⅓ ihrer Länge kürzen, um das Wurzelwachstum anzuregen. Im neuen, ebenfalls mit Anzuchterde oder mit leicht gedüngter Jungpflanzenerde gefüllten Behälter mit dem Pikierstab ein recht tiefes, schmales Loch in der Mitte bohren, damit sich die Wurzeln des Sämlings nach unten richten können und sich nicht wachstumshemmend nach oben biegen. Das Pflänzchen einsetzen, die Erde gut andrücken und wässern. Vor den Eisheiligen die Pflänzchen am besten ein paar Tage lang im Freien tagsüber abhärten (Sonne und Regen vermeiden), bevor sie dann endgültig ihren Platz im Garten oder auf dem Balkon finden. Pikieren entfällt beim Aufziehen größerer Samen, wie z.B. bei Bohnen oder Erbsen bzw. bei Pflanzen, die auf späteres Umsetzen sehr empfindlich reagieren können, wie Kürbis. Sind die Samen frisch und gut keimfähig, werden sie von Anfang an einzeln – bzw. 2 - 3 Samen bei älterem Saatgut – in ein verrottbares Anzuchttöpfchen gepflanzt und später dann mitsamt dem Töpfchen ins Beet oder in einen größeren Behälter gesetzt.
- ***Direktaussaat ins Beet:*** Samen können natürlich auch direkt ins Freiland gesät werden, frostempfindliche am besten erst nach den Eisheiligen (ca. Mitte Mai). Das lohnt sich, wenn z.B. größere Mengen an Samen ausgebracht werden sollen oder wenn für das ohnehin aufwendigere Vorkultivieren kein helles und warmes Plätzchen vorhanden ist. Auch nach der Direktaussaat ist es wichtig, die Erde feucht zu halten. Egal, ob die Pflänzchen im Haus vorgezogen oder Samen direkt ins Beet gesetzt werden, über sie gestülpte PET-Flaschen ohne Deckel und Boden wirken in der ersten Zeit als Mini-Gewächshaus, d.h. als Kälteschutz (Bild S. 18). Neben dem Einpflanzen in Garten(hoch)beete finden Pflanzen natürlich auch in Gefäßen aller Art eine gute Heimat. Der Phantasie sind da wenig Grenzen gesetzt. Wichtig ist nur, dass sich in den Gefäßen keine Staunässe bildet; daher Wasserabzugslöcher auf der Unterseite vorsehen und am besten als Dränage eine Schicht Kies unten einbringen.

Samen lagern

Saatgut muss absolut trocken sein, damit es nicht fault oder schimmelt. Wird es kühl (optimal bis +10°C), trocken und dunkel gelagert, kann es jahrelang keimfähig sein. Die Keimfähigkeit ist umso besser, je frischer das Saatgut ist. Zur Aufbewahrung bieten sich Briefumschläge, kleine Schachteln aller Art oder – am besten, weil ge-

Mungbohnen-Jungpflanzen, Saatgut aus dem Bioladen.

Pflanzen-Kindergarten

schützt vor Fressfeinden – Gläser mit gut schließendem Schraubverschluss an.

Keimprobe

Gerade bei Samen, die schon mehrere Jahre aufbewahrt wurden, kann durch eine Keimprobe leicht festgestellt werden, ob die Samen noch keimfähig sind oder neues Saatgut gekauft werden muss: Einige Samen auf mit Wasser vorgenässte Küchentücher, Watte oder auf Mehrfachschichten aus saugfähigem Toilettenpapier geben und alles bis zur vorgesehenen Keimzeit feucht halten. Die Anzahl der noch keimenden Samen entscheidet über die Frage, ob es besser ist, neues Saatgut zu kaufen.

Anzuchtbehälter aus Papier, Pappe oder ganz ohne

Zeitungspapier (kein Hochglanzpapier!) in Streifen von etwa 10 bis 12 cm Breite und 50 cm Länge schneiden. Mehrmals um eine Papprolle (z.B. von Toilettenpapier) oder um ein offenes Glasgefäß etwa gleicher Größe wickeln, so dass oben ca. 3 cm Rand übersteht. Nun den überstehenden Rand in die Öffnung einklappen und Papprolle oder Glas unten vorsichtig herausziehen. Fertig ist ein etwa 4 - 5 cm breites Töpfchen mit eingeklapptem Boden, das nun mit Anzuchterde gefüllt werden kann. Beschriften nicht vergessen! Später können die Zeitungspapiertöpfchen samt Sämling ins Freiland gesetzt werden. So werden die Wurzeln der Keimlinge nicht verletzt und das Papier zersetzt sich in der Erde nach und nach von selbst. Anders als die Rollen von Toilettenpapier (siehe unten) fangen Anzuchttöpfchen aus Zeitungspapier allerdings leicht zu schimmeln an, wenn sie zu feucht gehalten werden.

Anzuchttöpfchen aus WC-Rollen: Papprolle oben halbmondförmig überlappend nach innen einknicken, dann die entstandenen Spitzen links und rechts ebenfalls nach innen so einknicken, dass ein ziemlich ebenmäßiger Boden entsteht. Die Töpfchen umdrehen, befüllen und zusammen in Untersetzer setzen (flache Schalen, Behältnisse aller Art, sehr gut geeignet sind die

Ist sie nicht schön? Adzukibohnen-Jungpflanze

halbtransparenten niedrigen IKEA-Aufbewahrungsboxen). Eine schmale Lage Kies oder Blähton in den Untersetzern verhindert, dass sich Staunässe bildet.

Soil-Blocker: Es gibt sogenannte Erdballenpressen, das sind im Prinzip Hohlraumstempel, die feuchte Anzuchterde zu kleinen Kuben formen. In den USA und in England – dort werden sie Soil-Blocker genannt – haben sich diese Pressen seit Jahrzehnten bewährt. Die Kuben werden so zusammengepresst, dass sie nicht auseinanderfallen, dadurch ist kein Behälter nötig. Es gibt Einfach- und Mehrfachpressen für wenig Geld im Biogarten-Versandhandel (Bezugsquelle siehe S. 67)

Joghurtbecher oder Tetrapacks als Mini-Gewächshaus

Die Behältnisse wenn nötig einkürzen und in den Boden 2 bis 3 Löcher bohren, damit überschüssiges Gießwasser abfließen kann. Mit Anzuchterde füllen, gut durchfeuchten, die Samen je nach Anzuchtanleitung einlegen und die Behälter oben mit transparenter Haushaltsfolie abdecken (an einigen Stellen für die Luftzufuhr perforieren). So kann ein feuchtes Klima entstehen, das zur Entwicklung des Sämlings beiträgt. Um Schimmelbildung zu vermeiden, sollte die transparente Folie alle 2 - 3 Tage für eine Stunde abgenommen werden. Die Erde immer feucht halten und die Folie entfernen, wenn die jungen Triebe aus der Erde sprießen.

Kostenlose Blumentöpfchen für die Fensterbank

Eine gute Quelle für Blumentöpfchen sind Gärtnereien. Oftmals werden dort Töpfchen in einer handlichen Größe gesammelt, die sehr gut zur Vorzucht von Pflanzen geeignet sind, und kostenlos abgegeben werden. Einfach mal nachfragen!

Eine hervorragende Quelle für Pflanzbehälter aller Art sind Friedhöfe. Meistens gibt es dort getrennte Müllbehälter für Wertstoffe, oftmals ist aber auch ein Blick in die üblichen Abfallbehälter lohnend.

Bei Aussaat im Freien werden die Jungpflanzen durch übergestülpte PET-Flaschen ohne Deckel und Boden (links) geschützt oder – ganz luxuriös – ggf. auch durch Glashäuschen aus alten Straßenlaternen (rechts).

Ganz einfach die Bodengesundheit prüfen: Soil Your Undies!

Wer auf anschauliche Weise erfahren möchte, wie es um die Qualität seines Gartenbodens bestellt ist, folgt der internationalen Kampagne: Pflanze Deine Unterhose!

Wie funktioniert das? Am besten im Frühjahr oder Herbst, wenn die Mikroorganismen im Boden am aktivsten sind, eine benutzte(!) weiße Unterhose aus 100% Baumwolle 15 cm tief in der Erde vergraben und die Stelle mit einem Holzpflock markieren, um sie wiederzufinden. Nach 60 bis 90 Tagen die Hose wieder ausgraben. Je weniger von der Unterhose übrig geblieben ist, desto gesünder ist der Boden! Denn gesunde Böden haben eine hohe mikrobielle Aktivität, und die Pilze und Bakterien im Boden sorgen für gutes Pflanzenwachstum. Gesunder Boden enthält Milliarden von Mikroben, die organisches Material (in diesem Fall die Baumwollunterhose) verzehren. Sie helfen dem Boden auch, der Erosion zu widerstehen, Nährstoffe zu zirkulieren und Wasser zu speichern. Je mehr Löcher also in der Unterhose sind, desto mehr mikrobielle Aktivität ist im Boden vorhanden und desto gesünder ist er. Ist die Unterhose andererseits noch so gut wie ohne Löcher, ist im Boden „tote Hose".

Getreide und Pseudogetreide

Getreide statt Rasen im Garten?

„Viele Gartenbesitzer meinen, der Anbau von Getreide würde sich für sie nicht lohnen: Es müssten kostspielige Maschinen angeschafft werden, der Anbau sei schwierig und die Ausbeute auf einem kleinen Stück zu gering. Aber das stimmt nicht. Jeder kann Getreide anbauen, und es spielt dabei gar keine Rolle, wie klein das Grundstück ist. Hauptsache, er kann die Vögel fernhalten. Mit einer simplen Sichel, sogar mit einem Tranchiermesser lässt sich das Getreide mähen. Dreschen kann man auf einer Stuhllehne, und bei der Säuberung hilft der Wind.“
Aus: John Seymour: Das neue Buch vom Leben auf dem Lande. München 2010/2020, Verlag Dorling Kindersley

„Ich sag's Ihnen lieber gleich: Jedes Gemüse, egal welcher Art, ist sehr viel einfacher anzubauen als Getreide. Und selbst wenn Ihnen das gelingt, verzehrfertig ist es nach der Ernte noch lange nicht.“
Aus: Ralf Roesberger: Selbstversorgung. S. 196, München 2021, Verlag Gräfe und Unzer

So oder so – wer ein paar Quadratmeter Rasen aus Pflanzfreude in ein kleines Kornfeld umwandelt, kann womöglich ein wenig Milch aus eigener Ernte herstellen. Pro Quadratmeter Boden sind für die Aussaat nicht mehr als 8 - 10 Gramm Getreidekörner nötig. Als Getreide bieten sich Weizen und Roggen an, da die Früchte der Pflanzen nicht geschält werden müssen. Anspruchslos im Anbau sind besonders die alten Pflanzenarten Einkorn, Emmer und Kamut (Khorasan-Weizen), die schon vor etwa 10.000 Jahren angebaut wurden und zu den Urgetreiden gehören. Sie gehören allerdings zu den Spelzgetreiden, d.h., die Körner sind von einer festen Schale (Spelze) umschlossen, die nicht einfach zu entfernen ist.

Aussaat: Eine Aussaat von Getreidesamen in Kübeln und Töpfen auf dem Balkon oder der Terrasse in nährstoffreicher Erde ist möglich, bringt aber natürlich wenig Ernte. Im Garten wird Sommergetreide im März in den mit der Grabegabel gelockerten und mit etwas Kompost angereicherten Boden ausgesät, sobald die Bodentemperatur etwa 4°C beträgt. Am besten Saatgut von Sortenerhaltern (siehe Bezugsquellen S. 67) verwenden, auch Körner aus dem Bioladen sind meist geeignet, sie werden aber vermutlich weniger Ertrag bringen. Im Beet in 2 bis 3 cm tiefen Rillen (Abstand 20 cm) einsäen und die Erde mit der Harke wieder bedecken. Wintergetreide wird im Oktober und November ausgesät.

Ernte: Der Erntezeitpunkt ist von der Getreideart abhängig. Die Getreideernte war früher eine der schwersten und aufwändigsten Arbei-

Weizen

Roggen

ten auf dem Lande. Als erstes musste das Getreide auf dem Feld mit der Sichel oder Sense gemäht und dann zu Garben zusammengebunden werden. Danach wurden die Garben zum Trocknen „aufgemandelt“, d.h. über das Feld verteilt jeweils mehrere Garben so zusammengestellt, dass sie sich gegenseitig stützten. Nachdem das Getreide dort trocknen und nachreifen konnte, wurde es mit Leiterwagen auf den Hof gefahren und wettergeschützt zwischengelagert. Oftmals als Winterarbeit droschen die Erntehelfer mit einem Dreschflegel die Getreidekörner aus den Ähren. Der Holzstiel mit beweglichem Hartholzstück am Ende wurde mit großer Kraft so lange auf die Getreidebündel am Boden geschlagen, bis die Körner aus den Ähren befreit waren. Im nächsten Arbeitsschritt musste dann noch „die Spreu vom Weizen“ getrennt, d.h. das Getreide gereinigt werden. Das Dreschen bedeutete viele Wochen harter körperlicher Arbeit. Mit der im 19. Jahrhundert erfundenen mobilen Dreschmaschine, die von Hof zu Hof fuhr, (eine eigene konnten sich die wenigsten Bauern leisten), wurde die Ernte einfacher. Ein mühsames Stück Arbeit blieb dennoch: Die Garben mussten von Hand in die Maschine gegeben und die schweren Säcke mit den Körnern anschließend in die meist nur über enge Holztreppen zugänglichen Getreidespeicher getragen werden.

Ein zusätzlicher Arbeitsgang ist bei Spelzgetreiden wie Dinkel, Gerste, Hafer, Einkorn, Emmer und Hirse notwendig. Dabei müssen die Körner vor dem Weiterverarbeiten noch entspelzt werden, d.h. das nahrhafte Korn muss aus den beim Ernten, Dreschen und Reinigen nicht abgefallenen harten Hüllen geschält werden. Früher geschah dies aufwendig mit Mörsern und Handmühlen, später erledigten diese Arbeit Schälmühlen.

Wer heute im Hausgarten Getreide anbauen will, findet im Netz eine ganze Reihe an Beiträgen und Filmchen von Pflanzfreudigen, die mit Getreidesamen experimentiert haben. Fast einhellig ist die Botschaft: Die Aussaat ist mühsam, die Ernte erst recht, vor allem ohne passende Gerätschaften. So gibt es Anleitungen zur Herstel-

Roggen Weizen Gerste

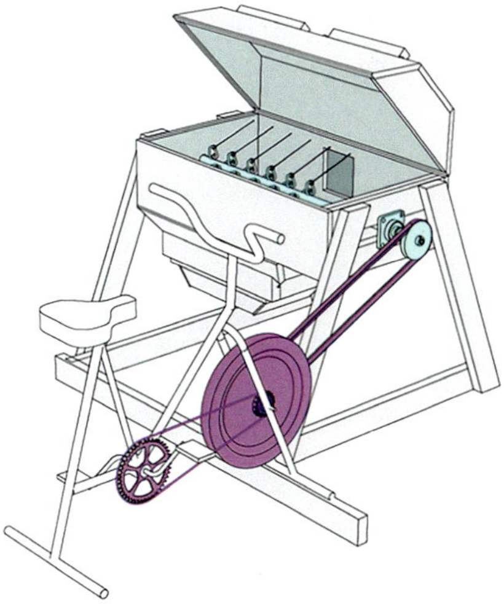

Selbstbauanleitungen für „Grain Bikes“: Fahrradbetriebene Dreschmaschine für Kleinbauern. Sie funktioniert bei Feldfrüchten wie Weizen, Roggen, Einkorn, Trockenbohnen und Lupinen und drischt etwa ein Pfund pro Minute. Daneben gibt es auch eine Selbstbauanleitung für eine fahrradbetriebene Schälmaschine/Mehlmühle. https://www.notechmagazine.com

lung von Dreschflegeln aus Besenstielen und frei beweglichen Hartholzstücken sowie Anleitungen für kleine Eigenbau-Dreschmaschinen, konstruiert mit Fahrradantrieb oder mit einer Bohrmaschine als Antrieb.

Den Pflanzfreudigen erwächst aber meist, außer der kleinen Ernte, viel Verständnis dafür, warum der Getreideanbau im Hobbynutzgarten heute eher selten ist. Es kann aber wirklich reizvoll sein, statt Rasen im Garten mal auf ein paar Quadratmetern Gerste, Emmer, Dinkel – oder etwas einfacher, weil die Körner nicht aufwendig entspelzt werden müssen – Nackthafer, Weizen und Roggen anzubauen. Die können, so heißt es, statt mit einem Dreschflegel oder Stock auch durch Darüberlaufen mit Turnschuhen von den Ähren befreit werden. Für das anschließende Reinigen sind Siebe mit unterschiedlich großen Durchlässen eine gute Hilfe.

„Ich baue selten Getreide auf einem eigenen Beet an, sondern nutze vor allem Leerstellen zwischen anderen Kulturen. Hier säe ich dann z.B. zwischen Bohnen 2 oder 3 Reihen Getreidekörner aus. Diese keimen meist problemlos zwischen den Hauptkulturen. Die Ernte ist einfach, dagegen ist es schwieriger, die Körner von den Spelzen zu trennen. Ich klopfe oder schäle sie von Hand heraus."
Aus: Kurt Forster: Mein Selbstversorger-Garten am Stadtrand. ökobuch Verlag, S. 89

„Auch wenn ich mich wiederhole, der Anblick so eines kleinen Weizenfeldes im Garten ist eine wunderbare Erfahrung. Zuzusehen, wie sich das Feld erst sachte grün färbt, dann immer dichter wird, nach einigen Wochen in die Höhe wächst und sich die ersten Ähren bilden, zuzusehen wie das Getreide langsam reift und seine Farbe ändert, ein Erlebnis, das mit keiner anderen Gartenkultur zu vergleichen ist." Aus dem Blog: http://www.neulichimgarten.de/blog-dies-und-das/weizenanbau

„Bauen Sie auch Getreide an?" Auf diese Frage an Peter Wohlleben, Förster und Bestsellerautor antwortet er in „Geo Wissen Nr. 71/2021", S. 103: *„... Das haben wir zwischendurch probiert, wir wechselten zwischen Weizen und Roggen, backten damit Brot. Weizen ist recht anspruchsvoll, während Roggen sowohl strenge Winter wie auch feucht-kühle Sommer gut verträgt....*

Wir pflückten die Ähren ab und ließen sie in eine Schürzentasche oder einen Eimer fallen. Danach füllten wir sie in einen Kopfkissenbezug und legten den auf einen trockenen Untergrund, zum Beispiel die Terrasse. Dann braucht es nur noch einen Stock, Mit dem schlug ich 10 bis 20 Minuten wie wild auf den Bezug ein, wendete ihn jeweils nach einigen Schlägen und schüttelte den Inhalt ab und zu durch, damit alles gleichmäßig bearbeitet wird. Zum Trennen legte ich die Mischung an einem windigen Tag auf den umgedrehten Deckel einer Regentonne. Dann warf ich alles 20 bis 40 Zentimeter hoch in die Luft. Während die Spelzen wegwehen, fallen die Körner auf den Deckel zurück."

Zum Dreschen kleiner Getreidemengen:
„ Ich pack das momentan in ein Bettlaken und klopp wie ein Irrer mit nem Holzknüppel drauf. Säubern dann mit einer elektrischen Luftpumpe für Luftmatratzen. Klappt für meine paar Kilo Weizen erstaunlich gut. Waren aber auch nur 7,5 qm."
Kommentar von Dyrsian
im Blog www.selbstvers.org

Der Nackthafer sprießt.

Kleiner Getreide-Steckbrief

Dinkel

Dinkel *(Triticum spelta)* ist eine Urform des Weizens, aber anspruchsloser, standfester und auch für kältere Gegenden geeignet. Die Körner dieses Spelzgetreides sind fest in einer harten Schale (Spelz) eingeschlossen, sie können nur mühsam entfernt werden.

Einkorn

Einkorn *(Triticum monococcum)* wurde wie Emmer und Gerste schon im steinzeitlichen Ackerbau kultiviert. Das Getreide ist gegen Kälte unempfindlich und wurde daher in Deutschland auch im Winter angebaut. Bei Einkorn ist der Name Programm: Als Spelzgetreide ist jedes einzelne Korn von einer Schale (Spelz) umschlossen, die nach der Ernte in einem weiteren Arbeitsgang entfernt werden muss. In Urzeiten geschah dies in Holzmörsern, in denen das Getreide gestampft und so die Körner von den Spelzen getrennt wurden.

Emmer

Emmer *(Triticum dicoccum)* ist ebenfalls ein Spelzgetreide und gehört zusammen mit Einkorn zu den ältesten Getreidesorten der Welt. Es hat einen verhältnismäßig hohen Eiweißgehalt, wird aber wegen seiner geringen Ertragsdichte hier professionell nur noch wenig angebaut. Das Getreide ist anspruchslos und gedeiht auch gut auf kargen Böden.

Gerste

Gerste (*Hordeum vulgare L.*) ist ein etwa 0,7 - 1,2 m hoch werdendes einjähriges Ährengras. Auch bei diesem Getreide sind die Spelzen mit den Körnern fest verwachsen und lassen sich nicht von Hand ausdreschen (Ausnahme Nacktgerste). Gerste reift vor Roggen und Weizen und gedeiht am besten auf tiefgründigen, feuchten Böden. Wintergerste wird bei uns Ende September gesät, Sommergerste im März/April.

Hafer

Hafer (*Avena sativa L.*) ist ein 1 - 1,5 m hoch werdendes Rispengras und war ein Grundnahrungsmittel bis Anfang des 19. Jahrhunderts. In den Ähren befinden sich je 2 Körner, die von Spelzen umschlossen sind (Ausnahme Nackthafer). Von Hafer gibt es ungefähr 35 Arten. Das Getreide gedeiht am besten in gemäßigtem und feuchtkühlem Klima auf nährstoffreichen Böden, hat aber keine besonderen Bodenansprüche. Hafer ist frost- und trockenheitsempfindlich.

Ein Fressfeind :-) Hund Aika mag Nackthafer.

Links: Nackthafer ist nicht von Spelzen umschlossen.

Urgetreide

Einkorn, Emmer, Dinkel, Hirse und Ur-Roggen werden auch Urgetreide genannt, da sie seit etwa 10.000 Jahren angebaut werden. Sie wurden von den ertragreicheren und leichter zu verarbeitenden Getreidearten wie Weizen und Roggen verdrängt, werden aber im ökologisch orientierten Landbau wieder zunehmend angebaut. Die alten und wiederentdeckten Getreidesorten sind resistenter gegen Krankheiten und Schädlinge als die modernen Sorten und schaffen mehr Vielfalt auf den Feldern. Zudem sind sie nährstoffreicher und nahrhafter als die industriell gezüchteten Hochleistungsgetreide und werden von Menschen mit Nahrungsunverträglichkeiten oftmals auch besser vertragen.

Hirse

Rispenhirse (*Panicum miliaceum L.*), ein sehr altes Spelzgetreide, das ursprünglich aus Asien stammt, war bis vor wenigen Jahrhunderten in Europa ein Hauptnahrungsmittel, bevor es von ertragsstärkeren Kulturen wie Kartoffeln und Mais verdrängt wurde. Aufgrund seiner guten Nährwerte findet Rispenhirse im ökologischen Landbau inzwischen wieder zunehmend Beachtung. Das wärmeliebende Getreide gedeiht auch auf ärmsten Böden und wird bis zu 120 cm hoch. Es hat eine Vegetationsdauer von 100 bis 120 Tagen, ist trockentolerant und nicht anfällig für Krankheiten oder Schädlinge, aber frostempfindlich und reift ungleichmäßig.

Kanariengras

Kanariengras

Kanariengras (*Phalaris canariensis*) aus der Familie der Süßgräser (*Poaceae*) wird auch als Spitzsaat oder Echtes Glanzgras bezeichnet und ist ein schnell wachsendes, einjähriges, bis 90 cm hohes Süßgras mit schilfartigen, aufrechten, grün-weiß gestreiften, etwa 3 cm langen Rispen. Es wird oftmals im Garten als Ziergras gepflanzt. Das Gras bildet sehr kleine Samenstände aus. Es wächst auch an Straßenrändern oder auf Brachflächen und gilt vielerorts als Unkraut. Der Name der Pflanze deutet auf ihren Ursprung auf den Kanarischen Inseln hin.

Standort: sonnig oder im Halbschatten

Aussaat: Dunkelkeimer, ab April Direktaussaat der winzigen Samen etwa 2 cm tief in normal durchlässige Gartenerde, ins Gartenbeet oder in Kübel. Keimzeit 2 - 3 Wochen. Es sät sich leicht selbst aus, wenn die Ähren im Herbst im Beet stehen bleiben.

Das Gras ist einfach im Anbau, eine besondere Pflege ist nicht nötig.

Ernte: Ab Juli. Die reifen Samen fallen schnell aus den Rispen, daher gilt es, sie rechtzeitig zu ernten.

Roggen

Roggen (*Secale cereale L.*), ein- oder zweijähriges Ährengras, wird bis 2 m hoch. Roggen gedeiht auch auf sandigen, armen Böden und hat nur geringe Nährstoffansprüche. Er ist besser an Kälte und Trockenheit angepasst als Weizen, kann Temperaturen bis -25°C tolerieren und wird daher hauptsächlich als Winterroggen angebaut, die Aussaat erfolgt Ende September. Die Spelzen von Roggen sind nicht mit dem Korn verwachsen und lassen sich deshalb recht leicht lösen.

Weizen

Weizen (*Triticum aestivum L.*) ist ein einjähriges Ährengras, das 0,5 m bis 1 m hoch wird. Es gedeiht am besten auf nährstoffreichen, feuchten Böden, insbesondere auf Lehmböden. Winterweizen hält Temperaturen bis unter -20°C aus, er wird hier im Oktober ausgebracht. Der weniger ertragreiche Sommerweizen wird im Frühjahr gesät. Winterweizen bringt bei uns im professionellen Anbau 70 dt/ha entsprechend 0,7 kg/qm. Weizen hat einen hohen Kleberanteil (Gluten), weshalb er vorrangig als Brotgetreide verwendet wird. Die Hüllspelzen von Weizen sind nicht mit dem Korn verwachsen und lassen sich deshalb relativ leicht durch Dreschen entfernen.

Zuckermais, Süßmais

Zuckermais (*Zea mays Saccharata-Gruppe*), auch Süßmais genannt, ist eine Delikatesse und eine Mutation des herkömmlichen Futtermaises. Im Nutzgarten hat das Getreide eine lange Tradition, auch, weil es empfindlicherem Gemüse wie Paprika, Kohl oder Gurken als Umpflanzung am nördlichen Rand eines Gemüsebeetes Schutz gegen Wind gibt.

Mais wächst an sonnigen Standorten und auf nährstoffreichem, humosem Boden problemlos. Günstig ist eine Vorkultur auf der Fensterbank oder im Gewächshaus Anfang April, Aussaat ins Freiland erst, wenn kein Frost mehr droht. Bei einer Vorkultur im Warmen empfiehlt es sich, jedes Korn in einem eigenen Töpfchen vorzuziehen, denn Maiskeimlinge wurzeln stark und kräftig und sind später kaum voneinander zu trennen.

Direktaussaat: In etwa 3 cm Tiefe werden im Abstand von etwa 30 cm 2 - 4 Körner gelegt,

Vorsicht Mutterkorn!

Vor allem Roggen, seltener Weizen, Hafer, Gerste und andere Getreidearten, werden vom Mutterkornpilz (*Claviceps purpura*) und anderen Schimmelpilzarten befallen, die sehr giftig sind. Ähren, die schwarzbraun sind oder andersfarbig verfärbte bzw. verschrumpelte Körner enthalten, sollten vor dem Dreschen entfernt werden.

Ein paar Zuckermaispflanzen beanspruchen im Garten nicht viel Platz.

Reifender Maiskolben.

bei einem Reihenabstand von 50 - 80 cm. Nach dem Aufgehen jeweils die kräftigste Pflanze pro Pflanzloch stehen lassen.

Auch in tiefen Töpfen kann Süßmais angepflanzt werden. Für die Topfkultur empfehlen sich kleinwüchsigere Sorten, von denen mindestens 2 bis 3 Pflanzen gesetzt werden sollten, damit sie sich untereinander befruchten.

Ernte: Zuckermais kann geerntet werden, wenn sich die Härchen an den Kolben tiefbraun verfärben, das ist meist Ende Juli/Anfang August der Fall. Dann sind die Körner an den Kolben noch weich und milchig (Test: Werden Körner mit dem Messer angeritzt, sollte ein milchig-weißer Saft austreten), und der Zucker hat sich noch nicht in Stärke umgewandelt. Die Kolben dann einfach von den Pflanzen abdrehen oder mit einem Messer von der Pflanze abschneiden

Lagerung: Beim Lagern verwandelt sich der Zucker im Mais in Stärke, d.h. die frischen süßen und saftigen Maiskörner werden zunehmend mehlig. Im Kühlschrank kann Mais einige Tage aufbewahrt werden, besonders, wenn die Hüllblätter noch an den Kolben sind. Haben die Maiskolben an den Spitzen weiße oder blaue Verfärbungen, sollte der Mais nicht mehr verzehrt werden. Zur längeren Aufbewahrung werden die Kolben am Stück oder die ausgelösten Körner tiefgekühlt. Vor dem Einfrieren sollte der ganze Kolben blanchiert werden, d.h. er wird kurz in kochendes Wasser gelegt, anschließend mit kaltem Wasser abgeschreckt und abgetrocknet.

Ausgereifter Zuckermais

Um Saatgut zu gewinnen, müssen die Hüllblätter braun geworden sein und die entblätterten Kolben vollständig durchtrocknen. Am besten die Maiskolben einige Wochen im Warmen aufhängen, dann die Körner von den Kolben lösen und ausgebreitet weiter trocknen lassen.

Die Drei Schwestern: Mais, Bohnen und Kürbis

Zuckermais, Stangenbohnen und Kürbis zusammen gepflanzt ergibt eine Mischkultur, deren Ernte sich sehr gut für Pflanzenmilch eignet. Die Pflanzenkombination wird als die „Drei Schwestern“ oder auch als „Milpa“ bezeichnet und ist in Mittelamerika seit vielen Jahrhunderten üblich. Der Erfolg dieser Mischkultur besteht darin, dass sich die drei Pflanzen auf engem Raum optimal in ihren Bedürfnissen ergänzen: die Bohnen nutzen den Mais mit seinen kräftigen Stängeln als Rankhilfe, Bohnen und Kürbisse reichern den Boden mit Stickstoff an, und die großen Kürbisblätter schützen den Boden vor Austrocknung, Regen und dem Wuchs unliebsamer Beikräuter. Da der Mais langsamer als die schnellwüchsigen Bohnen wächst, empfiehlt es sich, ihn ab Anfang April auf der Fensterbank oder im Gewächshaus vorzuziehen. Die Stangenbohnen – keine Buschbohnen – sollten nicht starkwüchsig sein und der Mais als Rankhilfe höher und kräftiger als die Bohnen werden. Der Kürbis darf nicht ranken, sondern sollte sich möglichst am Boden ausbreiten, was besonders auf den zur Milchherstellung geeigneten Ölkürbis zutrifft (siehe S. 48). Die Pflanzenkombination stellt keine besonderen Ansprüche an den Boden, ein sonniger Standort ist wichtig, ansonsten gedeiht diese Symbiose gut auf beikrautbefreiter und am besten mit etwas reifer Komposterde versehener Erde. Nach dem Einsetzen der Pflanzen die Erde gleichmäßig feucht halten.

Wenn kein Frost mehr zu erwarten ist, die vorgezogenen Maispflänzchen im Freien im Abstand von etwa 40 cm einsetzen (Reihenabstand ca. 50 - 70 cm). Die Kürbisse im April ebenfalls vorziehen und die kräftigsten Pflanzen dann im Abstand von etwa 1 m zwischen die Maisreihen pflanzen. Sind die Maispflanzen mindestens 40 cm hoch, werden nahe um sie herum jeweils 2 - 3 möglichst vorgekeimte Bohnenkerne gelegt.

Direktaussaat: Kürbis nach den Eisheiligen, Zuckermais je nach Witterung ab Mitte April, die Bohnen etwa einen Monat später.

Da die „drei Schwestern" nicht viel Platz benötigen, ist es sogar möglich, kleinwüchsige Sorten in einem großen, mindestens 60 l fassenden Topf mit Abzugslöchern auf der Terrasse oder dem Balkon zu ziehen. Auch dabei empfiehlt es sich, Mais und Kürbis einen Monat vor dem Auspflanzen vorzuziehen und die Bohnen direkt einzulegen, wenn die eingesetzten Maispflanzen eine gute Größe als Rankhilfe erreicht haben. Nach dem letzten Frost die Kürbispflanze in die Mitte des Topfes einsetzen – sie braucht die größte Fläche – und etwa 30 cm entfernt um sie herum 3 Maispflanzen in gleichmäßigem Abstand, um die wiederum je 2 Bohnenkerne etwa 2 cm tief eingelegt werden.

Pseudogetreide

Pseudogetreide sind Körnerfrüchte von Pflanzen, die nicht wie die echten Getreide zur Familie der Süßgräser (*Poaceae*) gehören, aber im Aussehen und in der Verwendung ähnlich sind.

Die Körner der alten Kulturpflanzen Amaranth, Buchweizen und Quinoa bilden im Gegensatz zu Getreide keine oder nur sehr geringe Mengen an Gluten und lassen sich ebenfalls zur Milchherstellung nutzen. Von allen 3 Pflanzen können neben den Samen auch die Blätter für Salate, für spinatähnliche Gemüse oder für Smoothies verwendet werden.

Der Anbau gelingt recht leicht, die Pflanzen sind anspruchslos und brauchen wenig Pflege. Es ist lediglich etwas Ausdauer nötig, wenn es darum geht, die Ernte der kleinen Körner richtig aufzubereiten.

Amaranth

Die einjährige, 60 bis 200 cm hoch werdende Amaranthpflanze (*Amaranthus*), einst Grundnahrungsmittel der Inkas und Azteken, ist anspruchslos und braucht wenig Pflege. Amaranth ist nicht nur essbar, sondern auch sehr dekorativ mit den roten langen Blütenständen. Um Körner für die Milchherstellung zu gewinnen, ist von den über 60 Arten der Rispige Fuchsschwanz (*Amaranthus cruentus*) der ertragreichste Lieferant. Der Garten-Fuchsschwanz (*Amaranthus caudatus*) und der Trauer-Fuchschwanz (*Amaranthus hypochondriacus*) sind ebenfalls geeignet, auch wenn die Körnerernte nicht ganz so groß sein dürfte.

Amaranthkeimlinge aus Körnern vom Bioladen.

Standort: Sonnig bis halbschattig, windgeschützt, am besten nur in klimatisch begünstigten Regionen anpflanzen. Körner-Amaranth hat geringe Bodenansprüche, wächst aber besonders gut in nährstoffreicher Erde. Diese muss nicht – außer zu Beginn – feucht gehalten werden.

Aussaat: Die Pflanzen (Dunkelkeimer) können schon im späten März im Gewächshaus oder Haus in Anzuchttöpfchen (Samentiefe 1 - 2 cm) vorgezogen werden. Bei mäßig feuchter Erde zeigen sich nach etwa 1 - 2 Wochen Keimlinge. In das Freiland werden die Jungpflanzen nach den Eisheiligen in einem Abstand von mindestens 35 cm ausgepflanzt. Bei Direktsaat ins Freie die Samen auf gut gelockertem, mit etwas Kompost versehenem Boden im Mai 1 - 2 cm tief im Abstand von etwa 35 x 35 cm einsäen, wenn die Gefahr von Nachfrost vorbei und der Boden warm ist. Am Anfang sollte der Boden beikrautfrei und mäßig feucht gehalten werden, dabei Staunässe vermeiden. Zu eng wachsende Pflanzen vereinzeln. Amaranth blüht abhängig von Sorte, Standort, Witterung und Pflanzzeitpunkt mit eindrucksvoller Blüte zwischen Juli und September.

Ernte: Die Vegetationsdauer von Amaranth beträgt zwischen 120 und 150 Tage. Im September/ Oktober, wenn die Rispen getrocknet sind, kann geerntet werden. In kühleren Regionen reifen die Körner allerdings manchmal nicht aus, sondern bleiben glasig. Die Samen sind erntereif, wenn die Fruchtstände beim Schütteln rascheln. Nicht nach Regentagen ernten, um späterer Schimmelbildung vorzubeugen. Die Pflanze ist frostempfindlich, d.h. vor dem ersten Frost sollten die Samenstände abgeschnitten werden und im Haus nachreifen können. Dazu die Pflanzen bei trockener Witterung oberhalb der Erde mit einem scharfen Messer oder einer Gartenschere abschneiden, bündeln und die zusammengebundenen Pflanzen kopfüber in einem alten Kissenbezug o.ä. trocknen lassen. Sind sie gut getrocknet, werden die Körner aus den Samenständen geschüttelt oder mit der Hand gerebelt und danach gesiebt, um die Spreu zu entfernen. Dunkel und trocken aufbewahren.

Achtung: Werden die Fruchtstände zu spät geerntet, vermehrt und verbreitet sich Amaranth in der Folge von selbst.

Die Amaranthpflänzchen wachsen gut.

Der Amaranth blüht.

Tricks aus dem Internet

„*Ernte:* *Als die Rispen braun wurden und die ersten Körnchen rieselten. Vorsichtig abgeschnitten und gleich kopfüber in Kartons gesteckt. Dann locker gebündelt und in der Scheune über den Kartons aufgehängt zum Trocknen. Nach fehlgeschlagenen Dreschversuchen endlich die Methode entdeckt: saubere, feste Gartenhandschuhe anziehen und die Rispen kurz zwischen den Händen reiben. Dann gehen alle Körnchen gut und schnell raus. Das Ganze natürlich über einer großen sauberen Schale. Man bekommt eine Menge Körner (hellbraun) und dazu eine Menge gleichfarbiger Spreu. Die Spreu ist aber sehr viel leichter als die Körner. Wenn man die Schüssel mit den Körnern etwas schwenkt/rüttelt, setzt sich die Spreu oben ab und fliegt mit etwas Pusten davon. Bei einer großen Menge Erntegut setzt sich die Spreu in einer dicken Schicht oben ab und kann großteils schon mit den Händen herausgeschaufelt werden. Ich habe den Amaranth in großen Gläsern gelagert.*“ Von Bettina. Blog aus dem Selbstversorger Forum e.V. „Soja, Hirse und Amarant im Garten?“

„*Amaranthsamen reifen so ungleichmäßig, dass zu viel schon auf den Boden gefallen ist, bevor der Rest auch reif ist. Deshalb bei Beginn der Samen-Reife Pflanze abschneiden und kopfüber aufhängen..., am Besten ein großes Tuch (Bettlaken) drunterlegen.*“ Von Saurier61, Blog aus dem Selbstversorger Forum e.V. „Soja, Hirse und Amarant im Garten?“

Buchweizen

In unseren Breiten wird der Gewöhnliche Buchweizen (*Fagopyrum esculentum*), ein bis ca. 50 cm hoch werdendes Knöterichgewächs, seit dem Mittelalter kultiviert. Er gilt jedoch als unwirtschaftliche Feldfrucht, da er nur geringe Erntemengen bringt und aufwendig zu verarbeiten ist.

Aussaat: Mitte Mai bis Mitte Juni, wenn für die Keimung genügend Bodenwärme vorhanden ist, 2 bis 3 cm tief in Reihen (ca. 25 cm Abstand) aussäen. Buchweizen ist anspruchslos in Bezug auf die Bodenansprüche, benötigt keinen Dünger, hat einen relativ hohen Wasserverbrauch und erträgt keinen Frost. Die Pflanze gilt mit ihren weißen oder rosaroten Blüten als attraktive Bienenweide.

Ernte: Die Vegetationsdauer von Buchweizen beträgt 100 bis 120 Tage. Die kleinen pyramidenartigen Samen erinnern an Bucheckern, ihre sehr harten braunschwarzen Schalen müssen entfernt werden. Von Hand ist dies möglich, indem Buchweizen mit kochendem Wasser übergossen wird, wodurch die Samen aufspringen und die Schalen sich durch Reiben zwischen den Handflächen zum großen Teil entfernen lassen. Alternativ können die Körner zwischen zwei Brettern gerieben oder in einer Getreidemühle geschrotet werden und die Schalen abgepustet bzw. mit einem feinen Haushaltssieb so von den Schalen getrennt werden, dass nur noch wenige Schalenanteile übrig bleiben.

Buchweizenjungpflanzen

Der Buchweizen blüht.

Die Buchweizenblüte .... aus der Nähe wunderbar!

Quinoa / Reismelde

Quinoa *(Chenopodium quinoa)*, auch Inkakorn genannt, ist eine alte Kulturpflanze aus Südamerika. Die krautige, anspruchslose und sehr robuste einjährige Pflanze gehört zu den Gänsefußgewächsen (*Chenopodiaceae*) und gedeiht auch hier.

Standort: Möglichst vollsonnig. Der am besten lockere oder gelockerte Boden sollte nicht sehr nährstoffreich sein, ideal sind Starkzehrer als Vorfrucht, da sie dem Boden Nährstoffe entziehen, wie z.B. Kartoffeln oder Mais. Trockenheit und Kälte sind für die Pflanze kein Problem (in den Gebirgsregionen der Anden wächst sie bis in 4000 Meter über NN), Staunässe macht ihr dagegen zu schaffen

Aussaat: Vorzucht mit ungepufften Samen in Bioqualität ab März in einfacher Anzuchterde im Warmen und Hellen oder Direkteinsaat ab April bis Mai ins Freiland. Die kleinen Samen werden in gut gelockertem, möglichst beikrautfreiem Bo-

Oben: Zarte Quinoasämlinge.
Rechts: Die Quinoapflanzen entwickeln sich gut.

den maximal 2 cm tief gesät und die Jungpflanzen später auf 30 x 30 cm vereinzelt oder ausgedünnt, da sie bis zu 150 cm groß werden können. Während der Keimphase sollte der Boden gut feucht gehalten werden. Es ist ausreichend, ab und zu Beikräuter zu entfernen, gedüngt werden brauchen die Pflänzchen nicht. Die jungen Pflänzchen von Quinoa, die beim Verziehen entfernt werden, können gut als Salat oder Spinat verwendet werden.

Ernte: Die Vegetationsdauer von Quinoa beträgt zwischen 100 und 140 Tage. Ende August bis Ende September ist Erntezeit. Bei trockenem Wetter werden die Samenstände vollständig abgeschnitten und auf einem Tuch im Freien oder im Haus nachgetrocknet. Wenn sich die Körnchen leicht aus den Samenständen in ein Gefäß schütteln lassen, haben sie die richtige Reife. Alternativ die Körner zwischen den Händen aus den Ähren reiben und durch Sieben und mehrmaliges Schütteln von den Samenhüllen und Unreinheiten befreien. Da Quinoa sehr viele Bitterstoffe (Saponine) enthält, empfiehlt es sich, die kleinen Samen direkt vor der Verarbeitung mit warmem Wasser zu waschen, das entfernt die Bitterstoffe. Sie werden am einfachsten in einem feinen Sieb einige Minuten lang in heißes Wasser gelegt und dann sorgfältig unter fließendem heißem Wasser abgespült. Weiterhin bitter schmeckende Samen sollten nicht verzehrt werden.

Quinoa: „Die Frage, ob sich Getreideanbau auf kleinen Flächen rentiert, habe ich eigentlich deshalb gestellt, weil ich letztes Jahr Quinoa angebaut habe, und es hat sich gar nicht rentiert. Das Lösen der Körner von der Pflanze war extrem zeitaufwendig. Ich habe 2 Stunden gebraucht, bis ich ein 500 g schweres Päckchen zusammen hatte."
Von Walnuss,
Blog aus dem Selbstversorger Forum e.V.:
„Soja, Hirse und Amaranth im Garten?"

„Quinoa hatte ich probiert, wuchs problemlos. Zuerst dachte ich, es wird nichts, weil die Pflänzchen so lange sehr klein blieben, dann, als ich schon nicht mehr damit rechnete, begannen sie zu wachsen wie die Verrückten. Ernte war auch gut und reichlich – nur war's mühsam, die Körner von den zerbröselten Blättern zu trennen."
Von Spirit,
Blog aus dem Selbstversorger Forum e.V.
„Soja, Hirse und Amaranth im Garten?"

Quinoa Fruchtstand

Nüsse und Steinfrüchte

Nüsse und Steinfrüchte im Garten

Haselnüsse

Wilde Haselnusssträucher wachsen in Mitteleuropa vielfach in freier Natur in Hecken und an Waldrändern. Die preisgünstigen Haselnüsse aus dem Supermarkt sind oftmals Importware, angebaut in riesigen Monokulturen unter reichlichem Einsatz von Pflanzenschutzmitteln; obendrein haben sie entsprechend lange Transportwege hinter sich. Es lohnt sich also, nicht nur wegen der schmackhaften Nüsse, die auch Vögel, Eichhörnchen und andere Tiere mögen, einen Haselnussstrauch im Garten zu haben! Überdies lassen sich seine rutenartigen Triebe zum Korbflechten nutzen, traditionell dienten sie auch als Zaunmaterial und sind nützlich, wenn im Garten Stangen gebraucht werden.

Die bei uns heimische Gemeine Hasel (*Corylus avellana*), zählt zur Familie der Birkengewächse und ist eine der ältesten Pflanzen Europas. Der mehrstämmige Strauch ist sehr robust und lässt sich mit wenig Pflege gut im Garten anbauen. Er kann bis zu 5 m hoch und 100 Jahre alt werden! Als sommergrüne, reichlich Früchte tragende Pflanze ist die Hasel also auch ein Generationengeschenk. Anders als die meisten Pflanzen blühen Haselnusssträucher nicht im Frühjahr, sondern schon vor dem Laubaustrieb im Februar und März und sind dadurch frühe und gute Pollenspender für Bienen und andere Insekten. Also eine wunderbare Pflanze mit vielen Vorteilen! Ein Haselnussstrauch kann auch eine Zeitlang auf dem Balkon oder der Terrasse im großen Kübel gehalten werden. Hasel wachsen allerdings, je nach Sorte, etwa 40 bis 60 cm im Jahr. Spätestens nach 3 bis 4 Jahren sollte der Strauch dann besser seinen Platz im Freiland erhalten.

Standort und Boden: Die frostharte Hasel gedeiht an sonnigen und halbschattigen Standorten gut, in Schattenlagen ist der Ernteertrag et-

Hasel sind Frühblüher und haben weibliche und männliche Blüten; die länglichen männlichen Blüten der Hasel bieten Insekten schon früh im Jahr Pollen.

Haselnussstrauch als Wegbegrenzung.

was geringer. Was die Bodenqualität betrifft, so ist sie recht anpassungsfähig, wächst aber besonders gut auf tiefgründigem, durchlässigem und humusreichem, nicht feuchtem oder verdichtetem Boden. Eine Kompostgabe als Dünger verbessert das Anwachsen. Beim Pflanzen sollte bedacht werden, dass der Strauch recht viel Platz um sich herum braucht, um sich gut entfalten zu können. Als Heckenpflanze oder Sichtschutz ist er gut geeignet, zumal im Herbst seine schnell wachsenden Triebe großzügig zurückgeschnitten werden können.

Ertrag: Wildwachsende Hasel in Hecken und an Waldrändern bringen meist kleinere Nüsse hervor, die inzwischen fast 100 kultivierten Sorten sind auf höheren Ertrag mit größeren Früchten und noch intensiverem Aroma gezüchtet, wie z.B. die nahe verwandte Lambertshasel (*Corylus maxima*). Veredelte Sträucher tragen oftmals schon ab dem zweiten oder dritten Jahr Früchte. Bei selbstgezogenen Haselnusssträuchern aus Samen ist gewöhnlich mit einer geringeren Ernte und nicht ganz so schmackhaften und großen Früchten zu rechnen.

Vermehrung: Gekaufte Haselnüsse sind meist nicht keimfähig, also am besten im Herbst frisch gesammelte, möglichst große Haselnüsse mit Schale direkt in die Erde stecken und hoffen, dass sie nicht von Nagetieren entdeckt werden. Besser ist, eine Handvoll Nüsse maximal einen Zentimeter tief in Töpfchen mit Anzuchterde zu stecken und diese draußen auf der Fensterbank über Winter stehen zu lassen. Dabei nicht vergessen, dass die Erde nicht austrocknen sollte. Haselnüsse sind Kaltkeimer, sie brauchen eine Kälteperiode zum Keimen. Im Mai, wenn kein Frost mehr zu erwarten ist, können die kleinen Pflanzen dann in den Garten ausgepflanzt werden. Bis aus ihnen ein ordentlich großer Haselnussstrauch geworden ist, kann es allerdings lange dauern. Vorteilhafter ist die Vermehrung durch Stecklinge: Von einem Haselnussstrauch im Herbst einen etwa 10 cm langen kräftigen Zweig abschneiden und die Blätter im unteren Drittel entfernen. Den blätterlosen Teil des Zweiges in einen Topf mit Anzuchterde stecken. An einem hellen, aber nicht zu sonnigen Platz werden sich dann bald Wurzeln bilden, wenn die Erde gut feucht gehalten wird. Hat sich im folgenden Frühjahr ein kräftiger Steckling entwickelt, kann er nach den Eisheiligen in den Garten ausgepflanzt werden.

Ernte: Die Ernte beginnt ab Mitte September. Wie auch andere Nussarten werden die braunen, reifen Haselnüsse nicht von den Ästen gepflückt, sondern vom Boden aufgesammelt. Nur unbeschädigte Nüsse nehmen; Nüsse, die Risse oder Fraßstellen an der Schale haben, für Eichhörnchen und Vögel liegenlassen. Die von Resten der Hüllblätter befreiten, aber nicht gewaschenen Nüsse etwa 6 Wochen lang in einem trockenen, warmen Raum, in Obststiegen aus Karton

Die Haselnüsse reifen.

Haselnussernte

(kostenlos in Supermärkten erhältlich), in Gitterboxen o.ä. trocknen lassen. Die Behältnisse nur locker füllen und am besten jeden zweiten Tag wenden oder schütteln, damit die Nüsse von allen Seiten luftumspült werden. Aufgrund ihres hohen Fettgehaltes neigen Haselnüsse dazu, schnell ranzig zu werden, was am Geruch und Geschmack zu merken ist. Schmecken sie bitter, sind sie von Schimmelsporen befallen.

Lagerung: Kühl, trocken und dunkel aufbewahrt, sind sie mit Schale mindestens bis zu einem Jahr haltbar. Kerne ohne Schale können als ganze Kerne, gehackt oder – platzsparend – auch gemahlen ohne Aromaverlust bis zur nächsten Ernte portionsweise tiefgefroren werden.

Einen Walnussbaum selbst ziehen

Ein Walnussbaum für den Garten kann aus einer Nuss leicht selbst gezogen werden. Am besten keimen im Herbst frisch gesammelte, große, nicht geknackte Walnüsse von Bäumen in der Natur oder in Gärten. Die Nüsse am selbst gezogenen Baum werden dann später etwa so wie das „Saatgut". Deren Keimfähigkeit lässt sich einfach testen: In Wasser gelegt, sinken keimfähige Nüsse aufgrund ihrer Schwere nach unten, während taube Nüsse oben bleiben.

Am bequemsten ist dann die Direkt-Einpflanz-Methode: Mindestens 10 Nüsse werden bald, d.h. so lange ihre Keimkraft noch groß ist, direkt an der gewünschten Stelle im Garten im Abstand von 15 bis 20 cm zueinander 5 bis 8 cm tief mit der Spitze (aus dieser treibt der Keim) seitlich oder nach unten zeigend in die Erde eingepflanzt. Aus den Walnüssen kommen dann im Frühjahr Triebe hervor, die bis zum Herbst eine Höhe bis zu 30 cm haben können. Von den Trieben werden die 2 bis 3 stärksten stehen gelassen (vor Frösten im Winter schützen) und die schwächeren einfach aus dem Boden gezogen. Im darauffolgenden Frühjahr wird dann endgültig die Wahl getroffen, die stärkste Walnusspflanze im Boden belassen und die schwächere(n) knapp oberhalb der Erde mit der Schere entfernt. Es heißt, dass an Ort und Stelle vorgezogene Bäumchen besonders gut in Bezug auf Wuchs und Standfestigkeit sind.

Ein Walnussbaum braucht Platz.

Unabhängig vom späteren Standort und geschützt vor Mäusefraß ist auch die Anzucht in Blumentöpfen möglich. Da Nüsse Pfahlwurzeln ausbilden, werden 5 oder 6 keimfähige Walnüsse mit etwas Abstand zueinander 5 bis 8 cm tief in ein breites, mindestens 40 cm tiefes Gefäß gesetzt, das gefüllt ist mit etwas feuchtem Laub und Garten- oder Anzuchterde, wie oben beschrieben. Walnüsse sind Kaltkeimer und nicht frostempfindlich, d.h. der Topf kann im kühlen Keller bzw. in einem frostbeständigen Anzuchttopf auch an einem geschützten Platz auf der Terrasse überwintern. Im Frühjahr zeigen sich dann, wenn alles gutgeht, die ersten Triebe. Nach den Eisheiligen kann die Kräftigste der Pflanzen am vorgesehenen Standort eingepflanzt werden. Die

Erde sollte angegossen und in der Folgezeit leicht feucht, aber nicht nass gehalten werden.

Standort und Bodenbeschaffenheit: Walnussbäume können im Laufe vieler Jahre – die Echte Walnuss kann mehrere hundert Jahre alt werden – eine imposante Höhe (20 bis 30 m) und Breite (12 m und mehr) erreichen. Als Pfahlwurzler verbreiten sie sich nicht nur in die Tiefe, sondern bilden auch Flachwurzeln aus. Zum Haus und Nachbargrundstück sollten groß werdende Walnussbäume deshalb einen Abstand von mindestens 8 bis 10 m haben, sonst können Schäden durch die Wurzelausbreitung entstehen. Kleiner bleibende Walnussbäume bis hin zu Zwerg-Walnussbäumen sind für Gärten mit weniger Platz in Gartencentern erhältlich. Diese nur 4 bis 6 m hoch werdende Bäume (mit einer Breite von 3 bis 5 m) sind spezielle Züchtungen, die auf schwachen Unterlagen veredelt wurden. Vorteilhaft ist, dass sie schon nach zwei bis 3 Jahren Früchte tragen. Am besten gedeihen Walnussbäume in einem nährstoffreichen, leicht sandigen und tiefgründigen Boden, aber eigentlich sind sie recht anspruchslos, wenn sie bei sehr trockenem Boden regelmäßig gegossen werden. Walnussbäume mögen Sonne, in Weinanbaugegenden fühlen sie sich besonders wohl, ansonsten tragen sie aber auch an geschützten Standorten reichlich. Zu beachten ist, dass die Blätter und Wurzeln von Walnussbäumen Juglon enthalten, ein für viele andere Pflanzen in der Umgebung wachstumshemmender Stoff.

Ertrag: Geduld ist angesagt, weil ein aus einer Walnuss selbst gezogener Baum wahrscheinlich 10 Jahre oder mehr braucht, bis er trägt, größer werdende Kultursorten können schon nach 4 bis 6 Jahren eine Ernte bringen.

Walnüsse ernten und lagern: Feuchte Walnüsse sind schimmelanfällig. Die Ernte sollte deshalb luftig, und wenn möglich einlagig trocknen können. Empfehlenswert sind dazu niedere, stapelbare Obsthorden aus Pappe, die Supermärkte oft kostenlos abgeben. Die Nüsse sollten langsam trocknen können, in der ersten Zeit ist es sinnvoll, die Horden ab und zu zu schütteln, damit die Nüsse von allen Seiten Luft bekommen. Sie können im Gartenhäuschen, in trockenen Kellern oder auf dem Dachboden aufbewahrt werden, solange sie frostgeschützt und keiner Feuchtigkeit ausgesetzt sind. Nach etwa 3 bis 6 Wochen,

Links: Die Walnüsse reifen.

Oben: Bei Herbstspaziergängen gesammelte Walnüsse.

je nach Witterung im Sommer und bei der Ernte, sollten die Nüsse dann ausreichend trocken sein. Sie können dann weiterhin in den Obstkisten bleiben bzw. in Körben oder – mäusesicher – in aufgehängten luftdurchlässigen Netzen bis mindestens zur nächsten Ernte. Geknackte Nüsse können, am besten portionsweise, auch 6 bis 12 Monate eingefroren werden.

Übrigens: Schimmlige Nüsse gelten als krebserregend, also Nüsse und Nusskerne, die weißen oder gelblichgrünen Schimmel zeigen, unbedingt entsorgen!

Esskastanien (Edelkastanien)

Die Esskastanie (*Castanea sativa*) gehört zur Familie der Rotbuchengewächse (*Fagaceae*) und ist eine Kulturform der Edelkastanie. Eine beliebte Fruchtsorte sind Maronen (Maroni). Sie sind leichter zu schälen als die wilden Esskastanien und haben größere, meist auch süßere Nusskerne.

In ihrer ursprünglichen Form und unter guten Bedingungen kann die Esskastanie bis zu 30 m hoch werden; sie fängt erst nach 15 bis 20 Jahren zu blühen an. Auch diese Bäume sind ein Generationengeschenk, denn sie können mehr als 300 Jahre alt werden und langfristig gute Erträge bringen! Als Solitär ist die Esskastanie ein wunderschöner Blickfang in einem großen Garten, sie braucht zu allen Seiten (Grundstücksgrenze, Gebäude, Straße etc.) mindestens 8 m Platz für ihr Wurzelwerk und ihre ausladende, blätterdichte Krone. Kultursorten werden nicht so hoch wie die Wildsorten. Esskastanien sind auf Fremdbestäubung angewiesen, weshalb sie einen zweiten Baum in der Nähe benötigen, um essbare Früchte (botanisch gesehen sind es Nüsse) auszubilden. Wer genug Platz im Garten hat, pflanzt deshalb einen weiteren Baum (oder schenkt den Nachbarn links und rechts ein Bäumchen). Inzwischen werden für kleine Gärten auch kleinbleibende, weitgehend selbstbefruchtende Esskastanienbäume gezüchtet, die sogar im Kübel auf dem Balkon gehalten werden können.

Standort und Boden: Esskastanien mögen einen sonnigen Standort. In klimatisch begünstigten Gegenden wie in Weinanbaugebieten, aber selbst in raueren Gegenden können sie an ei-

Links: Es gibt auch kleinbleibende, üppig tragende Züchtungen.
Rechts: Esskastanienbäume können sehr groß werden.

nem geschützten Platz eine gute Ernte bringen. Sie wachsen besonders gut in humusreicher, wasserdurchlässiger, tiefgründiger, etwas saurer Erde, haben aber keine hohen Bodenansprüche. Eine jährliche Kompostgabe deckt ihren hohen Kaliumbedarf.

Erntezeit: Je nach Sorte ab etwa Mitte September. Die reifen Früchte sind daran zu erkennen, dass sich die stachelige Fruchthülle schon leicht geöffnet hat und zu Boden fällt. Dort können die Früchte aufgesammelt werden (nicht vom Baum pflücken). Frische Esskastanien fühlen sich schwer an, sind vollständig braun und haben eine glänzende Schale.

Selbst-Vermehrung: In den Baumschulen werden Edelkastanien durch Aufpfropfen eines Reisers auf eine passende Unterlage gezüchtet. Im Hobbygarten gibt es 2 einfache Möglichkeiten, Esskastanien zu vermehren:

Variante 1: Nach der Ernte einige Kastanien zwei Tage lang in Wasser legen, danach je eine Kastanie nicht mehr als 1 cm tief in ein Anzuchttöpfchen mit nährstoffarmem Substrat stecken, Samen und Erde danach immer leicht feucht halten. Nach einem Jahr können die Keimlinge in ein größeres Gefäß mit gewöhnlicher Erde umgepflanzt werden. Bis zur ersten Esskastanien-Ernte kann es dann 15 bis 20 Jahre dauern. Veredelte Esskastaniensorten liefern oft schon im dritten oder vierten Jahr die ersten Früchte.

Variante 2: Im Winter kräftige Steckhölzer mit mindestens 3 bis 4 „schlafenden Augen“ (Verdickungen) so schneiden, dass die Triebspitzen gerade und die unteren Enden schräg abgeschnitten sind. Jedes Steckholz mit dem schrägen Ende nach unten zu 2/3 in einen mit Substrat gefüllten Anzuchttopf einpflanzen. Hell, frostfrei und in minimal feuchter Erde aufbewahrt, entwickeln die Steckhölzer im Frühjahr neue Blätter und können dann an einem geschützten und hellen Platz im Garten weiter kultiviert werden. Jungpflanzen sind nicht frostbeständig, erst ausgewachsene Esskastanien sind winterhart. Ein Weißanstrich am Stamm schützt die Jungpflanzen vor Frostrissen durch die Wintersonne.

Esskastanien galten als „das Brot der Armen“ und waren, meist zu Mehl für die Brotherstellung verarbeitet, in früheren Zeiten ein Grundnahrungsmittel, das so manche Familie vor dem Hungertod bewahrte. Auch wer keinen eigenen Kastanienbaum hat, braucht auf dessen Früchte nicht verzichten. Im Herbst kann es ein Vergnügen sein, Esskastanien in der freien Natur zu sammeln. Wild wachsende Esskastanienbäume sind oftmals in Waldgebieten zu finden

Esskastanien aufbewahren: Frisch sind Esskastanien schnell verderblich, sie schimmeln leicht und sind anfällig für Wurmbefall. Bei Zimmertemperatur können sie etwa eine Woche ohne Qualitätsverlust aufbewahrt werden. Esskasta-

Reifende Esskastanien

Stachlige Gesellen …

nien sind mehrere Monate lang haltbar, wenn sie luftig, kühl, dunkel und trocken gelagert werden, z.B. ausgebreitet auf Wellpappe, in Pappsteigen oder auf großen Sieben/Rosten. Am besten die Kastanien täglich händisch durchmischen, damit sie nicht schimmeln. Beim Trocknen schrumpft ihr Kern, so dass sich ihre Schale leicht entfernen lässt. Die Herstellung von Kastanienmehl wird unten beschrieben.

Tiefgefroren sind geschälte rohe, gekochte oder geröstete Esskastanien mindestens 6 Monate haltbar.

Kastanienmehl selbst herstellen

Esskastanien mit der braunen Schale gut und lange an einem trockenen und luftigen Ort ausgebreitet vortrocknen lassen. Sie verlieren schnell an Gewicht. Um Mehl herzustellen, werden sie von ihrer Schale und auch, wenn möglich, von ihrer inneren Haut befreit und in kleine Stücke geschnitten. Dann im Dörrgerät, alternativ im Backofen (die Backofentür mit einem Kochlöffel einen Spalt offenstehen lassen, damit die Feuchtigkeit entweichen kann), bei möglichst niedriger Temperatur so lange trocknen, bis die Nüsse durch und durch trocken sind (das kann dauern!), und abkühlen lassen.

Sind die kleinen Kastanienstücke trocken, d.h. geben sie beim sehr festen Zusammendrücken zwischen Daumen und Zeigefinger nicht mehr nach, können sie in der Getreide- bzw. Kaffee- oder Nussmühle zu feinem, goldgelbem Mehl gemahlen werden.

Alternativ die Esskastanien kochen, schälen, durch eine Kartoffelpresse drücken und die Pressmasse im Dörrgerät trocknen. Egal, welche Methode gewählt wird, die Esskastanien müssen knochentrocken sein, dann können sie, zu Mehl verarbeitet, ein bis zwei Jahre in gut verschließbaren Behältern aufbewahrt werden. 1 Kilo frische Esskastanien ergeben ca. 300 - 500 g Mehl.

Mandeln

Mandeln (*Prunus dulcis var. dulcis*) blühen sehr früh im Jahr (März, April, Mai) mit wunderschönen weiß-rosafarbenen Blütenblättern und sind für Bienen eine der ersten Nahrungsquellen im Jahr. Da die Blüte so hübsch anzusehen ist, werden auch gern Ziermandelbäume (*Prunus triloba*) angepflanzt, was eigentlich schade ist, denn Mandelbäume mit essbaren Früchten sind auch für kleinere Gärten geeignet. Botanisch gesehen ist die Mandel keine Nuss, sondern gehört zum Steinobst wie Kirschen, Pfirsiche und Aprikosen. Ihr Inneres, die essbare Mandel, ist von einem harten, holzigen Kern umgeben und dieser wiederum von einer lederartigen, grüngrauen Fruchtschale (Bild S. 41 links).

Standort: Mandeln mögen ein mildes Klima, weshalb sie besonders häufig in Weinanbaugebieten zu finden sind. Aber auch nördlich der Weinstraße ist ein Anbauversuch lohnend. Ihr Ertrag ist meist davon abhängig, ob die frühen Blüten durch Spätfröste geschädigt wurden.

Wer erntemäßig auf der sicheren Seite sein möchte, kauft in einer Baumschule einen etwa 3 Jahre alten winterharten Mandelbaum heimischer Art oder eine veredelte Sorte, vorzugsweise eine Sorte, die selbstfertil ist, d.h. keinen zweiten Baum in der Nachbarschaft benötigt, um die Blüten zu bestäuben. Im Frühjahr im Garten an einem geschützten, sonnigen bis leicht schattigen

... mit wohlschmeckendem Inneren.

Standort gepflanzt, sind die Bäumchen robust genug, um im Freien zu überwintern. Es empfiehlt sich, sie während des Heranwachsens einmal in der Woche gut zu wässern. In den ersten Wochen nach der Pflanzung nicht düngen, anschließend einmal monatlich z.B. mit einer Gabe Kompost.

Die beste Pflanzzeit ist im zeitigen Frühjahr vor dem Neuaustrieb, optimal an einer geschützten, halbschattigen bis sonnigen Stelle in einen tiefgründigen und nährstoffreichen Boden. Das Pflanzloch sollte doppelt so groß wie der Wurzelballen sein. Mandelbäume vertragen keine Staunässe, mit Trockenheit haben sie keine Probleme. In den ersten beiden Jahren und bei lang anhaltender Trockenheit empfiehlt es sich aber, sie leicht zu wässern. Eine Schicht Kompost ab und zu rings um den Stamm herum verteilt, lässt die Bäumchen besser gedeihen.

Mandelbäumchen aus Stecklingen zu züchten, gilt als schwierig. Wer gerne experimentiert, kann aber versuchen, aus einem Mandelkern ein Bäumchen zu ziehen, und hoffen, dass es unsere Winterfröste übersteht. Dazu wird eine frische Mandel mit harter Schale (keine aus dem Laden und keine aufgelesenen Mandeln aus südlichen Gefilden, die sind höchstwahrscheinlich nicht winterfest) über Nacht in Wasser eingeweicht und am folgenden Tag mit dem Nussknacker (Brechzange, Holzfeile) quer zur Naht so weit aufgebrochen, dass der Mandelkern im Inneren zu sehen ist. Mandelkerne, deren verholzte Schalen nicht geöffnet sind, benötigen mehrere Monate zum Keimen. Die aufgebrochenen Mandeln werden dann etwa 2 cm tief in kleine, mit Anzuchterde gefüllte Blumentöpfe mit Ablaufloch so eingesetzt, dass die offene Seite nach oben zeigt. Wird die Erde immer leicht feucht gehalten und stehen die Töpfchen an einer hellen, warmen

Blühender Mandelbaum in Südbaden …
… mit herrlichen Blüten.

Stelle im Haus, werden die Kerne nach mehreren Wochen hoffentlich keimen. Die kräftigsten dieser kleinen Pflanzen werden später einzeln in mit Erde und etwas Kompost gefüllte Töpfchen gepflanzt. Mit dem weiteren Wachstum werden die Jungpflanzen ggf. in größere Töpfe umgesetzt; Temperaturschwankungen sind zu vermeiden und erst nach 2 Jahren werden die Jungpflanzen in den Garten ausgepflanzt.

Mandelbäume werden bis etwa 6 Meter groß und bilden je nach Sorte eine ausladende Krone aus. Es gibt mehrere Unterarten, so die aromatische Süß- oder Steinmandel (*Prunus dulcis var. dulcis*) mit harter, nicht leicht zu knackender Schale. Die Krach- oder Knackmandel (*Prunus dulcis.var.fragilis*) wiederum hat eine dünne Schale, die sich auch ohne Nussknacker entfernen lässt. Die Bittermandel (*Prunus dulcis var. amara*) gilt als Wildform, ihre Früchte sind roh nicht genießbar, sie schmecken bitter und enthalten Amygdalin, ein Stoff, der während des Verdauungsprozesses giftige Blausäure abspalten kann. Gekocht verflüchtigt sich die hitzeempfindliche Blausäure. Der Handel bietet gekochte Bittermandeln in kleinen Gebinden als Backzutat an.

Ernte: Am einfachsten werden die Früchte geerntet, wenn sich die Fruchthüllen geöffnet haben und die Mandeln samt Schalen zu Boden gefallen sind. Das ist etwa ein halbes Jahr nach der Blüte der Fall, also zwischen August und Oktober. Sie sollten, wie Walnüsse auch, ohne Fruchthüllen in flachen Horden so gelagert werden, dass sie möglichst schnell trocknen.

Im Mai sind die Fruchtstände schon gut ausgeprägt.

Oben rechts: Mandeln haben oftmals eine sehr harte Schale.

Unten rechts: .... Es gibt aber auch Mandelbaumsorten, deren Fruchtschalen einfach zu entfernen sind (Krach- oder Knackmandeln).

Ölsaaten im Garten

Ölsaaten im Garten

Nutzhanf anbauen?

Der Anbau der Kulturpflanze Hanf (*Cannabis sativa*) hat hierzulande, d.h. in Mitteleuropa, eigentlich eine lange Tradition. Hanf galt noch Mitte des 20. Jahrhunderts als ein wichtiger nachwachsender Rohstoff zur Herstellung von Fasern für Seile, Papier und Dämmstoffe sowie von Ölen. Hanfsorten mit einem THC-Gehalt (psychoaktive Substanz) unter 0,2% werden auch in Deutschland angebaut.

Die Pflanze ist anspruchslos, wächst auf fast allen Böden, benötigt weder Pestizide noch Insektizide und ist deshalb neben ihren nährstoffreichen Inhaltsstoffen auch in Bezug auf Nachhaltigkeit eine gute Wahl. Allerdings ist der Anbau aufgrund gesetzlicher Bestimmungen hauptsächlich landwirtschaftlichen Betrieben vorbehalten. In deutschen Hobbygärten ist – anders als zunehmend in anderen Ländern – der Anbau von Hanf immer noch verboten, egal, wie niedrig oder hoch sein THC-Gehalt ist. Wer sich also keinen Ärger einhandeln möchte, sollte derzeit besser sogar die harmlosen Hanfpflänzchen ausreißen, die sich womöglich bei der Vogelfütterung im Garten ausgesamt haben.

Leinsamen anpflanzen

Lein (*Linum usitatissimum*), auch Flachs genannt, im Garten anzupflanzen ist nicht schwierig und braucht relativ wenig Pflege. Der Gemeine oder Echte Lein aus der Familie der Leingewächse (*Linaceae*) ist eine alte Kulturpflanze, die früher einmal sehr wichtig war und wieder zunehmend in Deutschland angepflanzt wird. Je nach Verwendung gibt es unterschiedliche Sorten. Aus den Samen des Flachses wird Öl (Saatlein, Öllein) und aus den Fasern (Faserlein) werden Stoffe hergestellt. Lein ist eine einjährige Pflanze, die bis zu 100 cm hoch werden kann und von etwa Mai bis August blüht.

Standort: Lein mag ein sonniges bis halbschattiges und etwas geschütztes Plätzchen im Garten! Dort sollten in den Jahren zuvor keine Leinsamen angebaut worden sein, sonst besteht die Gefahr der Pflanzenfäule. Die Pflanze hat einen

Leinsamen-Sämlinge

Der Leinsamen entwickelt sich gut.

geringen Nährstoffbedarf, sie mag keine Staunässe, reagiert auf trockene Perioden aber auch empfindlich. Ansonsten stellt sie keine besonderen Ansprüche an den Boden, so lange er eher tiefgründig, aber auch durchlässig ist und nicht viel Stickstoff enthält. Es hilft, wenn in der ersten Woche nach der Aussaat das Beet mit einer luftdurchlässigen Plane abgedeckt wird, um die bei Vögeln und Insekten beliebte Ölpflanze zu schützen.

Aussaat: Frühestens Ende März/Anfang April kann Lein im Garten gesät werden, wenn kein sehr starker Frost mehr zu erwarten ist (kurze Spätfröste ertragen die Pflanzen gewöhnlich). Leinpflanzen sind Dunkelkeimer, die Saattiefe sollte 2 bis 3 cm betragen. Leinsamen können auch auf feuchter Anzuchterde im Haus vorgezogen werden. Dann erscheinen mit etwas Glück nach etwa 2 Wochen die ersten Sämlinge, die dann pikiert und nach den Eisheiligen im Abstand von etwa 20 bis 25 cm ins Freie ausgepflanzt werden.

Pflege: Mäßig gießen, oftmals reichen die natürlichen Niederschläge aus, Dünger ist nicht nötig. Ab und zu das Unkraut zu jäten bzw. zwischen den Reihen zu hacken ist ausreichend.

Ernte: Lein hat eine recht kurze Vegetationszeit. Die Pflanze beginnt nach 2 bis 3 Monaten wunderbar zu blühen, ihre azurblauen Blüten sind ein schöner Blickfang nicht nur im Garten,

Auch Tieren gefällt die hübsche Leinsamenblüte.

Leinsamen: Fruchtstände unterschiedlich reif.

sondern auch auf dem Balkon oder der Terrasse. Die Blüten sind übrigens essbar und schmecken sehr gut, einfach so oder im Salat. Nach der Blüte entsteht eine rundliche Samenkapsel mit 8 bis 10 braunen oder gelben flachen Samen. Etwa 4 bis 5 Monate nach der Aussaat, wenn sich die Kapseln braun verfärben und beim Berühren rascheln, kann die Ernte beginnen. Die Samenkapseln werden allerdings nicht alle zur gleichen Zeit reif; sie reifen aber auch in geerntetem Zustand nach, wenn die Pflanzenbüschel mit der Schere abgeschnitten und gebündelt an einem hellen, luftigen und trockenen Platz noch etwa eine Woche getrocknet werden. Richtig getrocknete Samenkapseln sind daran zu erkennen, dass sie hart und holzig sind. Um die flachen Samen aus den Kapseln zu lösen, werden die Kapseln in einen Beutel gesteckt. Dann wird mit einem Nudelholz aus Stein kräftig darüber gerollt, bis sie aufplatzen. Alternativ können die Samen im Beutel natürlich auch gedroschen, d.h. mehrfach gegen eine Wand geschlagen werden, was kräftezehrend sein kann. Die dritte Möglichkeit besteht darin, mit Turnschuhen auf dem Beutel herum zu trampeln. Danach müssen die Samen noch verlesen werden. Dazu können sie durch ein engmaschiges Sieb in einer Schüssel gesammelt werden, wobei die groben Pflanzenreste im Sieb verbleiben. Die restliche leichte Spreu lässt sich von den Samen entfernen – wie bei Getreide auch –, indem sie durch vorsichtiges Blasen weggepustet wird. Dazu ist ein flaches Behältnis hilfreich (z.B. ein Backblech), auf dem die Samen in dünner Lage ausgebreitet werden.

Ernte aufbewahren: Leinsamen sollten dunkel und trocken aufbewahrt werden. Geschrotete Leinsamen sind etwa 6 Monate haltbar, ganze Samen länger. Verdorbene Samen sind am ranzigen Geruch oder bitteren Geschmack zu erkennen.

Sesam im Garten

Sesam (*Sesamum indicum*) ist eine einjährige, aus den Tropen stammende Pflanze aus der Familie der Sesamgewächse (*Pedaliaceae*) und eine der ältesten Ölpflanzen der Welt. Sesam wird seit Jahrtausenden hauptsächlich in Indien und China angebaut. Die meisten Menschen wissen nicht, dass die wärmeliebende Sesampflanze auch in unserer Klimazone – insbesondere in Weinanbaugegenden mit sehr warmen Sommern – im Garten oder im Pflanzkübel durchaus erfolgreich angebaut und bis zur Samenreife gebracht werden kann. Voraussetzung ist ein vollsonniger Platz im Garten, auf dem Balkon oder der Terrasse oder – noch besser – im Gewächshaus/Wintergarten. Besonders gut gedeiht Sesam vor Mauern oder in Ecken, in denen sich die Wärme staut. Die Pflanze wächst hier bis etwa 1 m hoch. Durch

Sesam-Samen auf ihrem Weg ans Licht.

Die jungen Pflanzen gedeihen.

ihren schmalen Wuchs ist sie auch eine dekorative Pflanze für die Kultur im Topf. Eine Dränageschicht (Sand, Kies, Blähton etc.) als untere Lage im Behälter eingebracht, verhindert Staunässe.

Boden: Sesam liebt einen vollsonnigen, mäßig feuchten Standort und stellt keine großen Ansprüche an den Boden. Als Substrat reicht Gartenerde völlig aus, vermischt mit etwas Kompost und eventuell verrottetem Laub.

Anzucht und Wachstum: Die Ernte hängt von der Qualität der Samen ab, weshalb sich der Bezug des Saatguts über den Fachhandel empfiehlt (siehe Adressen S. 67). Die Pflanzen sollten frühestens ab Februar im Warmen (20 - 25°C) und Hellen vorgezogen werden. Dazu die Samen über Nacht in Wasser einweichen und in erdgefüllten Anzuchttöpfchen etwa 1 cm tief einlegen. Alles gut anfeuchten, aber nicht durchnässen. Eventuell die Töpfchen mit Folie abdecken (jeden Tag kurz abnehmen). Das Substrat darf nicht austrocknen.

Nach etwa 2 Wochen, wenn die Samen gekeimt sind, die kleinen Pflanzen im Warmen halten und später nach den letzten Frösten ins Freiland in einen Pflanzkübel oder vorsichtig direkt ins Beet (Abstand 30 bis 50 cm) setzen, um die zarten Wurzeln nicht zu beschädigen. Etwas Kompost beim Umsetzen ist für gutes Wachstum hilfreich, Wassergaben sind jetzt nur noch nötig, wenn die Blätter schlaff werden. Sesampflanzen kommen auch mit längerer Trockenheit gut zurecht. Im Ergebnis vielleicht nicht so erfolgreich, können zuvor eingeweichte Samen auch nach den Eisheiligen (ca. Mitte Mai) direkt im Freien etwa 2 - 3 cm tief in gut angefeuchtete, lockere Erde eingesetzt werden. Sesampflanzen wachsen langsam, bringen im Juni/Juli sehr schöne weiß-rosa Glockenblüten hervor, danach treiben sie stark aus.

Ernte: Nach ihrer Blütezeit entstehen oval geformte Fruchtkapseln, die sich zum Herbstbeginn braun färben und ihre Samen freigeben. Bevor der Wind die Samen verteilt, die Kapseln bei trockenem Wetter ernten. Unten einen Beutel über die Fruchtkapseln ziehen, die Kapseln abschneiden und in den Beutel fallen lassen. In den Kapseln befinden sich viele schwarze, weiße, braune oder gelbe, etwa 2 - 3 mm lange, schmale und flache Samen. Sie werden aus den Kapseln geschüttelt, gesiebt, von Pflanzenresten und Staub befreit und an der Luft getrocknet.

Lagerung: Wie alle Samen und Nüsse enthalten auch die kleinen Sesamkörnchen viel Öl, das ranzig werden kann. Kühl, trocken und lichtgeschützt in verschließbaren Behältern aufbewahrt, sind die Samen mindestens 6 Monate haltbar.

Sonnenblumen im Garten züchten

Die Sonnenblume (*Helianthus annuus*) ist eine einjährige Pflanze und gehört zur Familie der Korbblütler. Ursprünglich vermutlich in Nordamerika und Mexiko beheimatet, kam sie schon im 16. Jahrhundert nach Europa. Sonnenblumen können je nach Sorte bis zu 3 m groß werden und blühen ab Juni in leuchtenden Farben. Ihre großen Blütenköpfe haben die interessante Eigenschaft, sich im Tagesverlauf der Sonne zuzudrehen. Die duftenden großen Blüten locken viele Insekten an, wie z.B. Honig- und Wildbienen, Hummeln und Schmetterlinge. Ihre Samen, die Sonnenblumenkerne, bilden einen Kreis in der Mitte der Blüten. Die Kerne sind einzeln von sehr harten Schalen umhüllt. Gartenvögel und Eichhörnchen lieben die Kerne. Sonnenblumen sind ein Gewinn für jeden Garten oder Balkon, sie leisten einen sehr guten Beitrag zur Artenvielfalt.

Standort und Boden: Sonnenblumen gedeihen am besten in stickstoffreichem, nicht zu trockenem, tiefgründigem Humusboden an einer vollsonnigen, windgeschützten Stelle im Garten und benötigen reichlich Wasser. Regelmäßig düngen ist ebenfalls wichtig, z.B. mit Kompost oder Brennnesseljauche, denn Sonnenblumen sind Starkzehrer. Als einjährige Pflanzen müssen sie jedes Jahr neu gesät oder ausgepflanzt werden, am selben Standort säen sie sich oftmals wieder von alleine aus.

Aussaat: Samen von Gartenzüchtungen oder aus ungeschälten Sonnenblumenkernen (für Vögel) zur Vorzucht im (Gewächs-)Haus ab April 2 cm tief in Anzuchttöpfchen setzen, oder Aussaat nach den Eisheiligen direkt ins Beet im Abstand von 30 bis 50 cm. Kleinbleibende Sorten sind auch als Kübelpflanzen (Pflanztöpfe mindestens 30 cm Durchmesser) auf der Terrasse oder dem Balkon ein schöner Anblick. Sonnenblumen sind nicht winterhart.

Ernte: Je nach Lage können die Kerne ab dem Spätsommer geerntet werden. Die Blütenblätter der Sonnenblumen sind dann verwelkt, die Rückseite der großen Blütenköpfe braun und erste Kerne lösen sich von alleine oder durch leichtes Schütteln. Die reifen Blütenköpfe mit einem Stück Stängel abschneiden und schütteln, um die herausfallenden Kerne zu sammeln. Die hängenbleibenden Kerne können gut mit der flachen Hand oder mit einer Bürste herausgelöst werden. Bei längeren Regenperioden während der Erntezeit empfiehlt es sich, die welken Blüten im Haus zu trocknen. Dazu eine Papiertüte über die Blüte stülpen und die Blüte am Stängel kopfüber ausreifen lassen. Die Kerne lösen sich dann von selbst und fallen in die Tüte. Geerntet werden nur die je nach Sorte dunklen oder schwarzweiß gefärbten Kerne, weiße oder beschädigte Kerne werden entsorgt. Kerne im Sieb mit kaltem Wasser reinigen, dann ausgebreitet trocknen lassen. Wenn die Samen beim Biegen brechen, sind sie ausreichend trocken. In gut verschlossenen Gläsern und frostsicher gelagert, können sie bis zum Verbrauch oder bis zur nächsten Aussaat aufbewahrt werden.

Sonnenblumenkernschalen öffnen: Um die Sonnenblumenkerne aus den harten Schalen zu lösen, werden im landwirtschaftlichen Bereich Schälmaschinen eingesetzt. Wer selbst mal Sonnenblumen enthülsen und dabei nicht die in vielen südlichen Ländern beliebte Mund-Aufknack-Methode verwenden möchte, kann es mit dem Handmixer versuchen: Mit ihm die Kerne in einer hohen Schüssel mehrmals für 2 bis 3 Sekunden bearbeiten. Dann Wasser in die Schüssel füllen und so lange kräftig mit einem Löffel rühren, bis sich die Schalen von den Kernen absetzen. Die Kerne sinken nach unten, die oben schwimmenden Schalen werden mit einem Sieb abgeschöpft, die Kerne getrocknet. Aber auch diese Methode ist suboptimal. Deshalb: Die Sonnenblumenkerne im Garten den Vögeln überlassen und im Laden geschälte Sonnenblumenkerne aus biologischem und regionalem Anbau recht preiswert kaufen. So ist allen geholfen!

Wilde Schönheit Sonnenblume.

Kürbisanbau

Auch im kleinen Garten können Kürbisse angepflanzt werden, wenn eingeplant wird, dass sie ein bisschen Platz brauchen, da sie gewöhnlich nicht in die Höhe wachsen, sondern ihre Triebe entlang der Erde ausbreiten. Sie sind relativ pflegeleicht. Inzwischen gibt es bei den Speisekürbissen zahlreiche Sorten. Zur Herstellung von Kürbiskernmilch sind allerdings nur Ölkürbissorten geeignet. Der Ölkürbis gehört zu den Gartenkürbissen (*Cucurbita pepo var.*). Ölkürbisse sind eine Mutation, die 1880 zuerst in der Steiermark/Österreich entdeckt wurde, weshalb diese Kürbissorte auch Steirischer Ölkürbis (*Cucurbita peo var. styriaca*) genannt wird. Die Kürbisse enthalten viel Fett, aus den zahlreichen Kernen wird gewöhnlich das wertvolle Kürbiskernöl gepresst. Die grünlichen Kerne sind schalenlos, d.h. statt von einer dicken Schale sind sie nur von einer dünnen Haut umgeben. Ölkürbisse sind nicht ganz so schmackhaft wie andere Speisekürbisse, können aber nach dem Entfernen der Kerne gut zu Gemüse, Suppen oder Kompott verarbeitet werden.

Standort: Kürbisse sind Starkzehrer, sie mögen ein feucht-mildes Klima und einen nährstoff- und humusreichen, gut wasserspeichernden Boden ohne Staunässe. Die einjährigen krautigen Pflanzen wachsen sehr schnell und können einiges Gewicht auf die Waage bringen. Ihre Blüte ist gelb, die Früchte sind dunkelgrün, kurz vor der Ernte verfärben sie sich gelb.

Aussaat: Aussaat der Kürbissamen entweder direkt ins Beet ab Ende Mai, wenn die Nachtfröste vorbei sind, oder Vorkultur im April im Warmen, wobei jeweils 2 bis 3 Kürbiskerne in kleine, mit Anzuchterde und etwas Sand gefüllte Töpfchen gegeben werden. Die Kürbissamen werden mit der Spitze nach unten (aus ihr wächst die Wurzel) ca. 1,5 cm tief in das Pflanzsubstrat eingesetzt. Nach 3 bis 4 Wochen vorsichtig vereinzeln, um die empfindlichen Wurzeln nicht zu beschädigen, und im Mai nach den Eisheiligen ins Freiland setzen. Der Platzbedarf für eine Pflanze beträgt mindestens 2 m².

Beliebt ist die Pflanzung von Kürbissen auf Komposthaufen, nicht nur wegen ihres großen

Es gibt zahlreiche Kürbissorten.

Für Pflanzenmilch ist der Ölkürbis die beste Wahl.

Nährstoffbedarfes. Ihre großen Blätter sind ein dekorativer Anblick, sie geben dem Komposthaufen auch während der Sommermonate Schatten. Im Nutzgarten verträgt sich Kürbis mit den meisten Kulturpflanzen und ganz besonders gut mit Zwiebeln, Kohlrabi und Erbsen. In Trockenperioden sollte den durstigen Kürbissen Wasser nicht auf die Blätter oder Triebe (Fäulnisgefahr), sondern an die Erde gegeben werden.

Ernte: Geerntet werden die Kürbisse im Herbst vor den ersten Frösten. Die Erntereife ist z.B. am holzigen Stiel zu erkennen oder am hohlen Klang des Kürbisses beim Klopfen auf die harte Außenschale.

Aufbewahrung: Unbeschädigte ganze Kürbisse können an einem nicht zu kühlen (ca. 12°C bis 15°C) und luftigen Platz je nach Sorte bis zu ca. 7 Monate aufbewahrt werden. Die holzigen Stiele werden auf 1 cm Länge eingekürzt und die Kürbisse mit etwas Abstand zueinander so gelagert, dass Druckstellen verhindert werden.

Es wird Zeit, dass die Ölkürbis-Jungpflanzen mehr Platz bekommen.

Kürbiskerne trocknen: Um die Kürbiskerne vom anhängenden faserigen Fruchtfleisch zu lösen, werden sie in einem Sieb unter fließendem Wasser so lange mit den Händen hin und her bewegt, bis sich die Kerne von den Fasern getrennt haben. Zum Trocknen die Kerne an einem warmen, trockenen Platz so ausbreiten, dass sie nicht übereinander liegen. Sind sie richtig gut getrocknet, bleiben die Kerne in Schraubgläsern kühl, trocken und dunkel aufbewahrt, mindestens 1 Jahr haltbar.

Kürbiskerne für die Aussaat im kommenden Jahr auf ihre Keimfähigkeit prüfen: Vor der Aussaat etwa 7 Stunden lang in kaltes Wasser legen, die keimfähigen Kerne steigen dann an die Wasseroberfläche.

Ölkürbisblüte (Bild: Manfred Kiefer, Staufen)

Hülsenfrüchte anbauen

Hülsenfrüchte anbauen

Zu den Hülsenfrüchten (*Fabaceae*) aus der Unterfamilie der Schmetterlingsblütler (*Faboideae*) zählen u.a. die überreif geernteten und getrockneten Samen von Bohnen und Erbsen, Soja, Lupinen und Kichererbsen. Aus ihnen lässt sich Pflanzenmilch mit einem recht guten Anteil an hochwertigem Eiweiß herstellen. Dabei sind Hülsenfrüchte als vollwertige Eiweißlieferanten deutlich klimaschonender als Fleisch. Im Garten oder auf dem Balkon gedeihen Hülsenfrüchte meist problemlos. Durch ihren Anbau wird zudem die Erde verbessert, da Hülsenfrüchte Stickstoff in der Erde anreichern.

Bohnen

Aus Südamerika stammend, verbreitete sich die einjährige Gartenbohne (*Phaseolus vulgaris var. vulgaris*) im 16. Jahrhundert in Europa und verdrängte die bis dahin angebauten Acker- und Kuhbohnen. Der Anbau von Bohnen war früher ein wichtiger Beitrag zur Vorratshaltung, ihre Kerne wurden im Herbst getrocknet. In vielen Ländern der Erde sind Trockenbohnen bis heute für ärmere Bevölkerungsschichten ein eiweißreiches Grundnahrungsmittel, auch, weil sie sich lange lagern lassen. Es gibt eine sehr große Vielfalt an Bohnensorten, mit Kernen in vielen Formen und Farben. Neben den Gartenbohnen sind auch die Feuerbohnen (*Phaseolus coccineus*, siehe S. 55) in Gärten oder auf Balkonen beliebt.

Je nach Wuchsform werden Stangen- und Buschbohnen unterschieden. Stangenbohnen klettern bis zu 3 m hoch und benötigen ein Rankgerüst. Sie bringen gewöhnlich einen höheren Ernteertrag pro Pflanze als Buschbohnen. Buschbohnen sind besonders für kleine Gärten geeignet, sie sind als Strauch selbststehend und brauchen keine Stützen. Buschbohnen können dichter gepflanzt werden als Stangenbohnen. Als dritte Wuchsform gibt es noch niedrige Stangen-

Grüne Bohnen für Pflanzenmilch ….

… werden überreif geerntet.

Schwarze Bohne: Jungpflanze ...

... und Blüte.

bohnenpflanzen, die 70 bis 120 cm hoch werden. Als Rankhilfe dienen ihnen in die Erde gesteckte Zweige (Reiser).

Standort: sonnig, warm und möglichst windgeschützt. Stangenbohnen mögen humusreiche, lockere, tiefgründige Erde, während Busch- und Feuerbohnen in Bezug auf die Bodenqualität anspruchsloser sind. Staunässe vertragen sie nicht. Nach 3 Jahren Anbau an der gleichen Stelle sollte der Standort gewechselt werden.

Aussaat: Die einfachste Möglichkeit, an Bohnensamen zu kommen, besteht darin, eine Packung Trockenbohnen im Bioladen zu kaufen. Sie keimen gewöhnlich problemlos. Daneben gibt es eine Vielzahl an Bohnensamen-Raritäten bei Versandgärtnereien (Adressen S. 67). Bohnen haben wie alle Hülsenfrüchte eine harte Schale, in Gärtnerkreisen wird deshalb manchmal empfohlen, sie vor dem Keimen über Nacht zu wässern. Bohnen können, etwa 2 cm tief eingelegt, in Töpfen vorgezogen werden.

Direktaussaat ins Freiland: Da Gartenbohnen aus tropischen bzw. subtropischen Gebieten stammen, sind die meisten Sorten und Arten frostempfindlich und werden frühestens nach den Eisheiligen Mitte Mai bis Ende Juni direkt in

Schwarze Bohnen, überreif geerntet.

Schwarze Bohne: Fruchtstand.

Puffbohne/Weiße Bohne: Jungpflanze …

… und Blüte.

die Erde gelegt (nur 2 bis 3 cm tief, Bohnen wollen „die Glocken läuten hören“, heißt es). Buschbohnen werden im Abstand von 5 bis 10 cm je Samen in Reihen gesät (Reihenabstand 40 cm). Bei Stangenbohnen werden pro Stange (Abstand 60 cm voneinander) kreisförmig 6 bis 10 Samen im Abstand von 5 bis 10 cm gelegt.

Die Samen keimen je nach Bodenwärme innerhalb von 6 bis 10 Tagen. Am Anfang gut wässern. Wenn die Pflanzen etwas größer sind, mit etwas Erde anhäufeln, um ihre Standfestigkeit zu verbessern. Bei Beeten, die in Nord-Süd-Richtung angelegt sind, ist die Sonneneinstrahlung für die Bohnen am größten. Je nach Einsaat reicht ihre Blütezeit bis in den September hinein. Bohnen nicht in Beete pflanzen, in denen vorher schon andere Schmetterlingsblütler wie Süßlupinen, Soja, Erbsen etc. wuchsen.

Mischkultur: Bewährt haben sich als Nachbarn Tomaten, Salate, Pastinaken, Möhren, Kohl, Sellerie, Gurken und rote Bete, nicht gut sind Erbsen und Zwiebeln. Bekannt sind inzwischen die „3 Schwestern“, eine enge Mischkultur aus Mais, Bohnen und Kürbis. Die Maispflanze wird als Rankhilfe für die Bohnen benutzt, die Bohnen versorgen wiederum den Mais mit Luftstickstoff.

getrocknete Puffbohnen/Weiße Bohnen.

Rote Bohnen: Kräftige Keimlinge.

Oben links und rechts:
Rote Bohnen: Jungpflanze und Ernte.

Adzukibohnen: Sämlinge ...

... und Adzuki-Bohnenernte.

Mungbohne: Mungbohnenkeimlinge ...

... und Mungbohnensämlinge.

Bohnenkraut und Kapuzinerkresse sind ebenfalls gute Mischkultur-Partner, da sie die Schwarze Bohnenlaus abwehren. Stangenbohnen bieten unten meist noch Platz für weitere Pflanzen, wie z.B. Radieschen oder Kürbis (siehe Seite 26/27: „Die Drei Schwestern"), die den Boden mit ihren Blättern bedecken und ihn somit vor Austrocknung schützen.

Ernten: Um die Samen haltbar zu machen und keimfähig zu halten, ist es wichtig, dass sie Ende September/Anfang Oktober vollreif geerntet werden, d.h. wenn die Samen in den eingetrockneten und spröden Hülsen rascheln. Die Hülsen ein paar Wochen an einem warmen, luftigen Ort nachtrocknen. Sind bei schlechter Witterung die Hülsen nur halbtrocken und ledrig zäh, empfiehlt es sich, die ganzen Pflanzen oberhalb der Erde abzuschneiden (so verbleibt auch der Stickstoff besser in der Erde) und kopfüber an einem trockenen, warmen Ort nachreifen zu lassen.

Lagern: Die gut trockenen Bohnen werden am besten in Gläsern mit Schraubverschluss an einem trockenen Ort kühl und dunkel aufbewahrt. Die Samen sind etwa 3 bis 5 Jahre keimfähig.

Bohnenblüte, rankend an einem Elektrokabel.

Mungbohnenernte

Beliebte Bohnen im Garten oder auf dem Balkon

Feuerbohnen *(Phaseolus coccineus)*, auch Käfer- oder Prunkbohnen genannt, sind weniger kälteempfindliche Verwandte der Stangenbohnen und müssen nicht vorgezogen werden. Sie sind mit ihren wunderschönen Blüten als dekorative Pflanzen beliebt und winden sich um Zaunpfähle, Balkongitter, Rankgerüste, Schnüre und Kabel. Als starkwüchsige Ranker mit dichtem Blätterwerk sind sie deshalb besonders auch als Sicht- und Windschutz beliebt. Daneben bieten Feuerbohnen reichlich Nektar für Insekten aller Art. Auch Feuerbohnen brauchen einen sonnigen Standort im Garten oder auf dem Balkon. Von jeder Pflanze können bis zu 1 kg Bohnen geerntet werden.

Puffbohnen (*Vicia faba*), die unempfindlichste Bohnenart, haben geringe Ansprüche an die Bodenqualität und überstehen leichte Fröste gut, weshalb sie je nach Gegend auch schon im März/April ausgesät werden können. Puffbohnen werden auch Ackerbohnen, Saubohnen, Pferdebohnen oder dicke Bohnen genannt.

Mungbohnen (*Vigna radiata*) sind frostempfindlich und bilden viel Grünmasse. Ursprünglich in Süd- und Südostasien verbreitet, können sie auch bei uns zur Reife kommen – allerdings nur in langen und warmen Sommern. Als einzige Bohnenart enthalten sie roh kein giftiges Phasin.

Azukibohnen (*Vigna angularis*), bzw. „Adzukibohnen", auch „rote Sojabohnen" genannt, stammen aus Afrika/Asien und bilden eine etwa 30 cm hohe strauchartige Pflanze. Ihre kleinen Samen sind rot und haben einen weißen Strich. Sie gelten als leichter verdaulich als andere Bohnenarten und haben ein leicht süßes Aroma. Azukibohnen keimen problemlos und sind einfach zu züchten, brauchen aber im Gartenbeet lange, sehr milde und warme Sommer, um auszureifen (ca. 120 Tage von der Aussaat bis zur Ernte). In unseren Breitengraden blühen die Pflanzen aus im Laden gekauften Azuki-Bohnensamen auch auf sonnigen Standorten gewöhnlich erst im späten Sommer, so dass die Samen bis zur Ernte vor dem ersten Frost oftmals noch nicht ganz ausgereift sind und entsprechend weniger Ertrag bringen.

Bohnen überranken einen Schuppen.

Sichtschutz aus Feuerbohnen.
(Aus: Margit Rusch: Anders gärtnern. ökobuch Verlag)

Rankgerüste für Stangenbohnen

Die Stangen aus Holz oder Metall sollten möglichst dünn sein und eine raue Oberfläche haben, damit die Bohnen sie gut umschlingen können. Außerdem sollten sie hoch genug sein, denn Bohnen können bis zu 3 m hoch wachsen. Von unten nach oben gespannte Seile an einem Holzgerüst, Rankgitter aus dem Baumarkt, Süßmaisstängel als Kletterhilfe – alles ist geeignet, solange es stabil und hoch ist. Beliebt ist, 3 bis 4 lange Stangen zeltförmig oben zusammenzubinden, so dass eine Art Tipi-Gerüst entsteht, oder mittig einen stabilen Pfosten fest in die Erde setzen und kreisförmig von diesem ausgehend Schnüre bis zum Boden spannen. Auch in Pflanzkübeln (S. 57) ab 40 l Fassungsvermögen können drei oben pyramidenartig zusammengebundene lange Holzstangen als Rankgerüst eingesetzt werden, um die herum jeweils 3 bis 4 Bohnen gelegt werden.

Bohnen brauchen Halt.

Bohnenstangen aus Vierkanthölzern in Pyramidenform; Rankgerüst aus Rundhölzern, Vierkanthölzern und Schnüren; Rankgerüst aus Wildholz.

Pflanzkübel und Blumenkästen für Bohnen

In erdgefüllten Pflanzgefäßen mit einem Durchmesser von 45 cm können 5 bis 6 Bohnensamen, 2 - 3 cm tief eingelegt, ihren Platz finden. Ob runder oder eckiger Pflanzkübel: Wichtig ist ein mit einem flachen Stein oder einer Tonscherbe verdecktes Ablaufloch in der Mitte, damit keine Erde ausgeschwemmt wird. Staunässe lässt sich durch eine zusätzliche Kiesschicht als Dränage verhindern. Nicht nur die hübsch blühenden Feuerbohnen, auch Stangen- und Buschbohnen können auf dem Balkon in großen, tiefen Pflanzkübeln, Töpfen, alten Obstkisten oder Pflanzsäcken (z.B. Gartenabfallsäcken) gut gedeihen, wenn sie ausreichend Feuchtigkeit erhalten.

Bohnen in Pflanzkübeln gedeihen auch am Rosenrankgerüst.

Erbsen

Die Erbse (*Pisum sativum*) aus der Unterfamilie der Schmetterlingsblütler (*Faboideae*) innerhalb der Familie der Hülsenfrüchtler (*Fabaceae*) gehört ebenfalls mit zu den ältesten Kulturpflanzen und zählte zu den Grundnahrungsmitteln der Ackerbauern in Mitteleuropa. Sie ist robust, recht einfach anzubauen und benötigt nicht viel Pflege. Die einjährigen Erbsenpflanzen brauchen gewöhnlich eine Rankhilfe, an der sie hochklettern können. Sie blühen im Mai, aus den Blüten wachsen die Hülsen (Schoten), in denen sich bis zu jeweils 10 Erbsen (die Samen) befinden. Es gibt Pal- oder Schalerbsen, Markerbsen und Zuckererbsen. Während Mark- und Zuckererbsen zu den Gemüseerbsen zählen, da sie frisch (unreif) mit oder ohne Hülse verzehrt werden, sind für Erbsenmilch die vollständig ausgereiften und getrockneten Pal- oder Schalerbsen (*Pisum sativum L. convar.sativum*) geeignet. Trockenerbsen haben ein intensiveres Aroma als frische Erbsen und enthalten auch mehr sekundäre Pflanzen-

Anzuchtschutz durch eine Kunststoffflasche.

Zum Schutz gegen eiweißhungrige Vögel helfen auch kleine Flatter-Palmwedel.

Die Schalerbsen reifen schon.

stoffe. Die robusten glatten Pal- oder Schalerbsen sind rund, klein und befinden sich in hartschaligen Hülsen. Ausgereift haben sie eine gelbe bis grüne Farbe.

Standort und Boden: Ein sonniger Standort schützt die Pflanzen vor Schädlingen und Krankheiten. Erbsen wachsen aber auch im Halbschatten. Sie mögen einen humusreichen, lockeren, tiefgründigen Boden, keine Staunässe. Nach 3 Folgejahren Erbsenanbau sollte die Anbaufläche gewechselt werden, um Krankheiten oder Ertragseinbußen zu vermeiden.

Aussaat: Pal- oder Schalerbsen sind bis -5°C frostunempfindlich und können schon Ende März direkt ins Freiland ausgebracht werden. Sie werden mit einem Abstand von etwa 5 cm zueinander in mit der Hacke gezogene, etwa 5 cm tiefe Erdrillen eingelegt und mit Erde bedeckt (Reihenabstand 40 cm). Die Samen am besten vor der Aussaat über Nacht ins Wasser legen, dann gehen sie zuverlässiger auf. Die Aussaat soll gleichmäßig feucht, aber nicht nass gehalten werden. Während der Wachstumsphase brauchen sie keine besondere Pflege, bei großer Trockenheit gießen und ab und zu die Erde etwas auflockern. Wenn die wickenartig wachsenden Pflanzen etwa 10 cm hoch sind, werden sie zur Stabilisierung unten mit Erde angehäufelt und beim weiteren Wachstum mit Rankhilfen gestützt. Diese können z.B. einfach aus dazwischen gesteckten Ästen mit Seitenzweigen (Äste von Haselnusssträuchern, Eichen und Buchen sind bestens geeignet) bestehen. Bei Rankhilfen aus Drahtgewebe oder Netzen zwischen Stangen – auch Zäune lassen sich mit den einjährigen Rankern begrünen – werden die Erbsen links und rechts der Rankhilfe eingesät. Eine gelegentliche Kompostgabe während des Wachstums der Pflanzen ist hilfreich.

Mischkultur: Möhren, Rote Bete, Salat und Kohl sind gute Nachbarn, ebenso Radieschen und Rettiche, nicht gut sind Stangenbohnen und Tomaten.

Ernte: Palerbsen werden an einem trockenen Tag geerntet, wenn ihre Hülsen braun und hart (brüchig-knackig) geworden sind – etwa 3 Monate nach der Aussaat. Unter Dach an einem luftigen, trockenen Ort in einem offenen Behältnis in dünner Schicht nachtrocknen lassen. Wenn sie vollständig getrocknet sind, die Samenkörner händisch aus den Hülsen ausschoten oder alternativ die Hülsen im Sack oder alten Kissenbezug gegen eine Unterlage dreschen, aber nicht so heftig, dass die Samen beschädigt werden. Am

Rankgerüst für Erbsen ...

... hier aus Moniereisen.

Frische Erbsen sowie getrocknete gelbe und grüne Erbsen.

besten in Gläsern mit Schraubverschluss dunkel und kühl lagern, dann können sie ein Jahr und länger gut aufbewahrt werden. Hülsenfrüchte sind relativ anfällig für Schädlinge. Ein Befall lässt sich leicht prüfen: bei Erbsen, die in Wasser obenauf schwimmen, könnte dies der Fall sein.

Saatgut: Erbsen können als Samen im Folgejahr wieder ausgesät werden. Es heißt, dass 2 Jahre gelagertes Saatgut mehr Ertrag bringt als Samen vom Vorjahr. Keimfähigkeit: ca. 3 Jahre

Kichererbsenjungpflanze

Kichererbsen

Die einjährige Kichererbse (*Cicer arietinum L.*) wurde schon vor mehr als 8.000 Jahren im Vorderen Orient kultiviert. Ursprünglich in wärmeren Klimazonen beheimatet, kann sie heute auch in Deutschland im Garten angebaut werden und bringt durchaus eine gute Ernte, wenn sie mindestens 6 Stunden am Tag pralle Sonne bekommt. Auch wenn die Kulturzeit von Kichererbsen recht lang ist und die Ernte vielleicht an weniger optimalen Standorten überschaubar bleibt, sorgt der Anbau dieser Pflanzen mit den hübschen kleinen Blüten auf jeden Fall für einen schönen Anblick im Gemüsegarten. Und vielleicht regt er auch an, im nächsten Jahr dann einfach mehr Pflanzen zu ziehen.

Standort: Kichererbsen sind zwar robuste, krautige, je nach Sorte 40 bis 100 cm hoch werdende, aber sehr wärmebedürftige Pflanzen, die in Weinanbaugebieten, an einer sonnigen Südwand oder im Gewächshaus am besten gedeihen. Kichererbsen brauchen einen nährstoffarmen, leichten bis mittelschweren (Sand-)Boden. Zusätzliche Düngergaben sind nicht nötig. Da Kichererbsen mit sich unverträglich sind, sollten sie erst nach 4 bis 5 Jahren wieder an derselben Stelle angebaut werden. Sie erhöhen die Bodenfruchtbarkeit, so können in der Folge stattdessen nährstoffhungrige Kulturen angebaut werden.

Kichererbsenblüte

Kichererbse: Tragende Fruchthülsen

Kichererbsenernte

Aussaat: Als Saatgut sind getrocknete, ungeschälte und nicht geröstete Bio-Kichererbsen aus dem Lebensmittelhandel ausreichend. Es empfiehlt sich, Kichererbsen ab Mitte April im Haus vorzuziehen und erst dann ins Freie auszubringen, wenn kein Frost mehr zu erwarten ist, da die Samen relativ empfindlich sind. Die getrockneten Kichererbsen werden über Nacht eingeweicht und dann vorzugsweise in kompostierbare Anzuchttöpfchen eingesetzt, damit ihre feinen Wurzeln beim Umpflanzen nicht beschädigt werden. Je einen Samen in das mit Anzuchterde gefüllte Töpfchen 2 - 3 cm tief einsetzen und vorsichtig angießen. Im Hellen und Warmen halten, die Erde sollte in der Folgezeit auf keinen Fall nass, aber immer leicht feucht sein, bis die Samen gekeimt haben. Nach etwa 14 Tagen sind erste grüne Keimlinge zu sehen. Ausgepflanzt werden die jungen Setzlinge nicht vor den Eisheiligen, also ab Mitte Mai im Abstand von 15 - 20 cm (bei einem Reihenabstand von etwa 50 cm) mit ihren Töpfchen direkt in die Erde, wenn die Pflanzen etwa 10 cm groß sind. Alternativ können getrocknete Kichererbsen auch zum Keimen gebracht werden und dann im Mai 5 - 8 cm tief direkt in die Erde gepflanzt werden. Nach dem Pflanzen die Kichererbsen regelmäßig, aber sparsam wurzelnah so gießen, dass die Erde nie vollständig austrocknet. Mulchen hilft, damit der Boden das Wasser besser speichert, es verhindert auch übermäßige Unkrautbildung. Sind die Pflanzen größer, muss nur noch in längeren Trockenperioden gegossen werden.

Ernte: Die jungen Blätter von Kichererbsen sind essbar, und ihre unreifen Hülsen können wie Bohnen zubereitet werden. Als Hauptbestandteil von Pflanzenmilch werden die Kichererbsen aber erst geerntet, wenn die Blätter braun, welk und die Hülsen gelb geworden sind, d.h. nach etwa 3 Monaten. Am besten die ganze Pflanze bodennah abschneiden und kopfüber an einem gut belüfteten und warmen Ort nachreifen und trocknen lassen. In den 2 bis 5 cm langen Schoten sind bis zu 3 Kichererbsen enthalten, die entnommen werden können, wenn sich die Schoten öffnen. Ausreichend getrocknete Kichererbsen sind sehr hart.

Lagern: Die Kichererbsen sind in Schraubverschlussgläsern kühl, trocken und lichtgeschützt gelagert mehr als ein Jahr haltbar und können im nächsten Frühjahr wieder für die Aussaat genutzt werden.

Süßlupinen im Garten: Eiweißbomben

Die krautige, einjährige Pflanze (*Lupinus L. ssp.*) kam Anfang des 19. Jahrhunderts nach Europa. Zierlupinen sind Klassiker im Garten, sie schmücken mit ihren wunderbar farbenfreudigen gro-

Süßlupine auf ihrem Weg ans Licht

Süßlupine, ca. 10 Tage alt

Hübsch sind sie, die Süßlupinen.

ßen Blüten jeden Staudengarten und locken Bienen, Schmetterlinge und andere Insekten in großer Zahl an. Allerdings enthalten die Samen von Wild- und Zierlupinen oftmals Alkaloide, die für Mensch und Tier giftig sind. Inzwischen gibt es gelbe (*Lupinus luteus*), weiße (*Lupinus albus*) und blaue Sorten (*Lupinus angustifolius*), die ungiftig sind und bei denen die Bitterstoffe herausgezüchtet wurden, die Süßlupinen. Die blaue Süßlupine ist wenig anfällig für Krankheiten, weshalb sie inzwischen in Deutschland bevorzugt angebaut wird. Die Samen der Süßlupinen, auch „Soja des Nordens" genannt, gehören zu den reichhaltigsten pflanzlichen Eiweißquellen (siehe Tabelle S. 109). Im Vergleich zu Soja ist der Anbau von Süßlupinen in unseren Breiten vorteilhafter: Sie haben geringe Bodenansprüche, gedeihen auch auf magerem Boden, brauchen keinen Dünger (etwas Kompost ist allerdings wachstumsverbessernd), nur wenig Pflege und sind ertragsreich. Ihr großer Vorteil als Hauptbestandteil von Milch besteht auch darin, dass sie im Gegensatz zu Soja im Geschmack neutral sind.

Standort: Am besten sonnig und windgeschützt, aber auch Halbschatten ist möglich. Die Pflanze hat keine besonderen Bodenansprüche, sie mag leichte, lockere, kalkarme Erde, verträgt keine Staunässe. Als Gründüngungspflanzen tragen Süßlupinen in der Landwirtschaft und im Hausgarten zur Bodenverbesserung für nachfolgende Kulturen (Starkzehrer wie Tomaten, Kürbis, Zucchini) bei, da ihre langen Wurzeln ver-

Die Süßlupinen blühen.

Fruchtansatz Süßlupinen.

dichteten Boden auflockern und die Erde mit Stickstoff anreichern. Süßlupinen sollten am besten erst nach 4 Jahren wieder ins selbe Beet gepflanzt werden.

Aussaat: Saatgut unbedingt im Fachhandel erwerben und dabei sicher gehen, dass es sich auch wirklich um Süßlupinen handelt. Pflanzen vorziehen: Anfang bis Mitte April die Samen für 12-24 Stunden in Wasser vorquellen lassen. Dann jeweils einen Samen 1 - 2 cm tief in ein mit magerem Substrat gefülltes Anzuchttöpfchen stecken. Gut angießen und die Töpfchen an einen hellen, warmen Standort stellen. Wird das Substrat gleichmäßig feucht gehalten und Staunässe vermieden, zeigen sich nach etwa einer Woche erste Keimlinge. Nach einem Monat und wenn kein Frost mehr droht, sind die Jungpflanzen dann kräftig genug, um ins Freiland ausgepflanzt zu werden. Alternativ können die vorher in Wasser eingeweichten Samen ab Mitte Mai (Außentemperatur-Minimum 5°C) direkt im Abstand von ca. 50 cm ins Beet eingesetzt werden, Saattiefe 2 - 3 cm, Reihenabstand ca. 30 cm. Während der Wachstumsperiode sollte der Boden nicht austrocknen. Lupinen kommen wegen ihrer sehr tief reichenden Wurzeln gut mit Trockenheit zurecht. Sind sie gut angewachsen, müssen sie gewöhnlich nur in sehr trockenen Perioden gegossen werden. Auch Dünger ist nicht nötig.

Mischkultur: Süßlupinen lassen sich gut in Mischkulturen anbauen und sind besonders verträglich mit Karotten, Gurken, Kopfsalat, Fenchel und Erdbeeren.

Ernte: Geerntet werden können die Süßlupinen ab August/September, wenn ihre Hülsen braun und eingetrocknet sind. Die Hülsen an einem trockenen Tag abschneiden und im Haus dünnlagig an einem luftigen Ort gut nachtrocknen lassen. Sie enthalten jeweils 5 - 6 Samen. Die Samenkörner dann händisch aus den Hülsen herausdrücken oder vorsichtig in einem Sack ausdreschen. Im Sieb nachreinigen. Dunkel und trocken in Schraubverschlussgläsern aufbewahrt sind die Samen etwa 3 Jahre keimfähig. Da jedoch auch bei Süßlupinen eine Rückkreuzung stattfinden kann, d.h. wieder vermehrt giftige Bitterstoffe in der Saat erscheinen können, sollte Samen zum Zweck der Milchherstellung nicht für eine weitere Aussaat eingesetzt, sondern zur Nachzucht wieder kontrolliertes Saatgut aus dem Handel besorgt werden.

Sojabohnen-Anbau im Garten

Die einjährige krautige Sojabohne (*Glyzine max, L.*) gehört ebenfalls zur Familie der Hülsenfrüchtler (*Fabaceae*) und wird als eine der wichtigsten Nahrungspflanzen weltweit schon seit Tausenden von Jahren in Asien angebaut. Zunehmend wird sie auch in Deutschland kultiviert. Die Pflanze wird etwa 50 bis 80 cm hoch, in ihren Schoten befinden sich bis zu 5 Bohnen. Inzwischen gibt es gentechnikfrei gezüchtetes Sojasaatgut, das sich mit unserem Klima gut verträgt. Sojabohnen brauchen für einen guten landwirtschaftlichen Ertrag ein stickstoffbindendes Bakterium (*Bradyrhizobium japonicum*), das mit keiner bei uns heimischen Pflanze in Symbiose steht und entsprechend nicht in unseren Böden vorkommt. Für eine üppige Ernte auch im Hausgarten kann der Boden mit diesem Knöllchenbakterium geimpft werden, das als Pulver kommerziell erhältlich ist.

Standort und Aussaat: Sojabohnen sind wärmeliebend, weshalb sie besonders in Weinanbauregionen angebaut werden, sie benötigen einen sonnigen und windgeschützten Standort. Der Boden sollte humos, locker und tiefgründig sein. Ungeeignet sind Böden mit Staunässe. Sojapflanzen haben kräftige Pfahlwurzeln mit stark ausgebildetem Seitenwurzelwerk. Nur vor der Saat mit etwas Kompost düngen. Direktsaat: Ab spätem April oder im Mai, wenn sich der Boden auf 10°C erwärmt hat, im Reihenabstand von etwa 40 cm, bei einem Abstand von ca. 10 cm zwischen den Bohnen. Pflanztiefe in von Beikraut bereinigter und mit der Grabegabel gelockerter Erde ca. 5 cm (leichter Boden), in schwerem Boden 2 - 3 cm tief. Je nach Sorte können die Abstände abweichen. Werden die Samen vorher für einige Stunden in

Wer will Soja anbauen?
Die Initiative „1000 Gärten“ ist ein Gemeinschaftsprojekt der Landessaatzuchtanstalt der Universität Hohenheim und des Tofu-Herstellers Taifun GmbH. Unterstützt wird es vom Bundesministerium für Bildung und Forschung. Aufgerufen wird zur Mitmachaktion zum Mit-Entwickeln von Soja-Sorten, die an unser Klima angepasst sind. Sojapflanzen lieben Wärme: Welche Sorten gedeihen in welchen Regionen Deutschlands am besten? Welche Sorten bringen auch bei kühlerem Wetter noch guten Ertrag? Der derzeitige Sojaanbau in Monokulturen, die durch Vernichtung von Regenwald entstehen, hat eine katastrophale Umweltbilanz. Ziel ist deshalb, unabhängig von Importen und Saatgutkonzernen zu werden und einen Anbau in Deutschland als Teil einer sinnvollen Fruchtfolge ohne chemisch-synthetische Spritzmittel zu ermöglichen. Wer mitforschen und im Garten auf mindestens 5 qm Soja aussäen möchte, kann sich unter www.1000gaerten.de bewerben.

Sojapflanze. Gut zu erkennen an den behaarten Blättern.

Wasser eingeweicht, keimen sie etwas schneller, erste Keimblätter zeigen sich schon nach ca. 10 Tagen. Einmal gekeimt, sind die Sojabohnen verhältnismäßig robust. Regelmäßige und ausreichende Wassergaben, besonders im Juli und August sind wichtig, ebenso Beikrautentfernung in den ersten Wochen, Mulchen hilft gegen Trockenheit und um Beikräuter zu unterdrücken.

Mischkultur: Sojabohnen sind, wie alle Hülsenfrüchte, Stickstoffsammler und verbessern die Struktur des Bodens. Sie vertragen sich gut mit Kartoffeln, Tomaten, Gurken, Kopfsalat, Spinat, Kohl, Kohlrabi, Sellerie und Rettich und können auch im Folgejahr wieder auf der selben Fläche angebaut werden.

Ernte: Grüne, d.h. etwa schon im Juli unreif geerntete Sojabohnen in leicht pelzigen Hülsen werden Edamame genannt und sind ausgepalt ein leckeres Gemüse. Um Milch aus Sojabohnen herzustellen, wird die gelbe, im September/Oktober vollreif getrocknete Frucht verwendet. Die Bohnen sind erntereif, wenn die Hülsen bei Fingerdruck platzen bzw. wenn beim Schütteln der Pflanze das Rascheln der Bohnen in den Hülsen zu hören ist. Es lohnt sich, die Hülsen zu kompostieren, sie enthalten viele Nährstoffe.

Lagern: Dunkel, trocken, kühl und luftdicht verpackt (Glasgefäß mit Schraubdeckel) sind Sojabohnen nahezu unbegrenzt haltbar.

Sojablüte

Fruchtansatz Soja.

Getrocknete Sojabohnen.

Erdmandeln anbauen

Erdmandeln (Tigernüsse) anbauen

Die Erdmandel (*Cyperus esculentus*) aus der Familie der Sauergrasgewächse (*Cyperacea*) ist eine sehr alte Pflanzenart und stammt vermutlich aus dem Mittelmeergebiet oder aus Westasien. Ihr Anbau im Garten oder auf dem Balkon ist problemlos möglich. Zu beachten ist, dass sich Erdmandeln als aggressive Neophyten schnell im Beet über unterirdische Ausläufer ausbreiten, weshalb beim Anbau im Garten nicht auf eine Wurzelsperre verzichtet werden sollte. Günstig ist deshalb, sie auch im Garten in großen Töpfen oder abgegrenzt im Hochbeet zu kultivieren. Die Ausläufer bilden ein dichtes Geflecht mit vielen, je nach Sorte 10 - 20 mm kleinen hellbraunen bis schwarzen Knollen. Oberirdisch wächst die Pflanze ziergrasartig 30 - 50 cm hoch aus.

Standort: Vollsonnig

Boden: Erdmandeln sind anspruchslos, wenig krankheitsanfällig, robust und ausdauernd. Am besten werden die kleinen Knöllchen in lockere, steinfreie und sandige Erde gepflanzt, bei lehmiger, steiniger Erde ist die Reinigung der Erdmandeln nach der Ernte erschwert.

Pflanzzeit und Pflege: Pflanzung im Freien ab Mitte Mai. Eine Vorzucht im April im Warmen empfiehlt sich. Bei Erstversuchen können getrocknete Erdmandeln aus dem Bioladen als Saatgut verwendet werden. Sicheren Erfolg und unterschiedliche Sorten gibt es beim Samenkauf im Fachhandel (Adressen S. 67). Die Erdmandelknöllchen werden bis zu 24 Stunden in lauwarmem Wasser eingeweicht und mit etwas Abstand zueinander etwa 2 - 3 cm tief in Töpfe gesteckt und gut angegossen. Bei Raumtemperaturen von 20 - 25°C halten und gut wässern. Nach den letzten Frösten können die Triebe dann vereinzelt und ins Freie ausgepflanzt werden, Pflanzabstände ca. 30 x 30 cm. Nach der Pflanzung kräftig wässern. Dünger ist nicht nötig, ein wenig Kompost im Frühjahr schadet aber sicherlich nicht. Durch ihre vielen Speicherknollen überstehen die Erdmandeln nach dem Austreiben auch mal Trockenzeiten, trotzdem sollte die Erde (nicht das Grüne) regelmäßig gegossen werden. Eine Schicht Rasenschnitt oder Rindenmulch auf der Erdoberfläche sorgt dafür, dass der Boden an heißen Tagen nicht so schnell austrocknet. Dadurch, dass beim Kultivieren von Erdmandeln eine *Wurzelsperre* vorgesehen werden sollte, damit sich die Pflanze nicht unkontrolliert ausbrei-

Saatgut Erdmandeln.

Es kann dauern, aber endlich kommt der Keimling ans Tageslicht.

Kräftige Erdmandel-Jungpflanze.

tet, eignet sie sich auch als sehr unkomplizierte Ziergras-Bepflanzung für sonnige Balkone. Große Pflanzkübel mit Ablauf sind nötig (z.B. die preiswerten runden oder eckigen Mörtelkübel aus Polyethylen), damit die vielen unterirdischen Ausläufer mit den essbaren Knöllchen genügend Platz haben. Sogar überwintern lassen sich Erdmandeln. Dazu den Kübel bei Raumtemperatur aufbewahren (kühl und dunkel stellen ist nicht nötig) und im kommenden Jahr nach den letzten Frösten wieder ins Freie stellen.

Wachstum: Die Pflanze wächst an der Oberfläche zu dichten, etwa 30 - 60 cm hohen ziergrasartigen dichten Büscheln bis etwa September. Zwischen November und Dezember, wenn sich das Gras braun verfärbt hat und abstirbt, kann geerntet werden. Es lohnt sich, zu warten, damit sich die kleinen Knollen gut entwickeln können!

Ernte: Am besten wird der ganze Wurzelstock mit der Grabegabel ausgehoben und die Erde ausgeklopft. Kleinere Behälter können auch umgekippt werden bzw. bei sandiger Erde lassen sich die Grasbüschel einfach aus dem Topf ziehen und die Erde von den Knöllchen schütteln. Je nach Standort- und Wuchsbedingungen haben sich mehrere Hundert kleine Erdmandeln je Saatknolle gebildet, die bis zu einem halben Meter von der Mutterpflanze entfernt wachsen! Knöllchen, die in der Erde verbleiben, treiben im nächsten Jahr nach milden Wintern wieder aus. Das Zupfen der kleinen Erdmandeln aus dem erdbehafteten Wurzelgeflecht kann recht mühsam sein, macht aber Spaß, wenn es als meditative Tätigkeit betrachtet wird. Ab und zu gilt es dabei dann auch noch einen Regenwurm zu evakuieren ... Bei mehreren Pflanzen können die Wurzelstöcke auch nach und nach geerntet werden, denn die Erdmandeln sind in der Erde einigermaßen winterhart, wobei eine dicke Mulchschicht aus Laub zusätzlich hilft, das Wurzelwerk im Boden vor Frost zu schützen. Nach dem Ernten werden die Knöllchen mehrmals gewaschen, z.B. mit einem scharfen Wasserstrahl über einem mit Erdmandeln ausgelegten Sieb (manche Menschen nehmen dazu sogar einen Hochdruckreiniger), und wieder gut getrocknet. Alternativ werden sie nach der Ernte nur von der gröbsten Erde gereinigt und, kühl aufbewahrt, erst kurz vor ihrer Verwendung gewaschen. Frische, gereinigte Erdmandeln können auch portionsweise eingefroren werden, sie werden dadurch süßer und aromatischer.

Es gibt große Sorten, die sich relativ leicht reinigen lassen. Ausgebreitet, trocken und frostgeschützt sind die Knöllchen bis zu 2 Jahre lagerfähig. Getrocknete Erdmandeln von der vorherigen Ernte können im nächsten Jahr wieder als Saatgut verwendetet werden.

Zeit zu ernten, das Erdmandelgrün wird bräunlich.

Die Erdmandeln wachsen an den Wurzelausläufern.

Bezugsquellen für Samen

Im Folgenden sind Adressen einiger Samenanbieter (Versandhändler mit Online-Katalogen) zusammengestellt, da Spezialitäten gewöhnlich nicht in Läden vor Ort erhältlich sind.

Samen von Getreide, Hülsenfrüchten und Ölsaaten gibt es in Bioqualität auch günstig in Lebensmittelabteilungen – allerdings ohne Gewähr auf sicheren Keimerfolg.

Deutschland

Biogartenversand Hof Jeebel
Jeebel 17, 29410 Salzwedel
Tel.: 039037 - 781
Mail: info@biogartenversand.de
www.biogartenversand.de
Saatgut-Anbieter (Getreide), Erdballenpressen (Soil-Blocker)

Kaiserstühler Samengarten
Stiftung Kaiserstühler Garten
Hauptstr. 43, 79356 Eichstetten am Kaiserstuhl
Tel.: 07663 - 932313
Mail: info@kaiserstuehler-garten.de;
www.kaiserstuehler-garten.de
Süßlupinen, Spezialitäten ...

Deaflora
Andrea Hellmich
Dr.-Wolff-Str. 6, 14542 Werder/Havel OT Glindow
Tel.: 03327 - 571519
Mail: info@deaflora.de
www.deaflora.de
Saatgut-Anbieter (Getreide), Kanariengras-Samen..

Dreschflegel GbR
In der Aue 31, 37213 Witzenhausen
Tel.: 05542 - 502744
Mail: info@dreschflegel-saatgut.de
www.dreschflegel-saatgut.de
Alte Kultursorten von Getreide ...

Grüner Tiger
Fallerstr. 18, 82433 Bad Kohlgrub
Tel.: 08845 - 7579988;
Mail: info@gruenertiger.de, www.gruenertiger.de

Bingenheimer Saatgut AG
Kronstr. 24, 61209 Echzell
Tel.: 06035 - 1899-40
Mail: info@bingenheimersaatgut.de,
www.bingenheimersaatgut.de

Templiner Kräutergarten
Storkower Dorfstr. 53, 17268 Templin
Tel.: 03987 - 209190
Mail: info@templiner-kraeutergarten.de
www.templiner-kraeutergarten.de

Gärtnerei Gartenrot
Zum Brook 5, 27356 Rotenburg
Tel: 04269 - 951062, Mail: hallo@gartenrot.com
www.gartenrot.com
Süßlupinen, Soja ....

Schweiz

Botanik Sämereien GmbH
Talstr. 35, CH 8808 Pfäffikon, Schweiz
Tel.: +41(0)44 - 2919452
Mail: info@saemereien.ch
www.saemereien.ch

Sativa Rheinau AG
Chorbstr. 43, CH 8462 Rheinau
Tel.: +41(0)52 - 5440600
Mail: sativa@sativa-rheinau.ch
www.sativa-rheinau.ch

Österreich

Arche Noah
Obere Straße 40, A-3553 Schiltern
Tel.: +43 (0)2734 8626 31
Mail: office@vielfalt-erleben.gmbh
www.arche-noah.at

Reinsaat KG
Am Hornerwald 69, A-3572 St. Leonhard
Tel.: +43(0)2987 - 2347
Mail: info@reinsaat.co.at
www.reinsaat.co.at

Milch von glücklichen Pflanzen

Nun geht es ans Milchen....

Der kleine Streifzug durch den Garten mit all den Pflanzen, deren Ernte zur Milchherstellung geeignet ist, hat vielleicht das Interesse geweckt, spätestens im kommenden Jahr das eine oder andere selbst anzubauen ...

Aus Getreide, Nüssen, Ölsaaten, Hülsenfrüchten oder Pflanzenknollen, vermengt mit Wasser, eine wohlschmeckende, cremige Milch zum Purtrinken oder für süße wie herzhafte Speisen herzustellen, ist weder schwierig noch zeitaufwendig. Anders als gekaufte Pflanzenmilch enthalten die selbst hergestellten Milchsorten keine Konservierungsstoffe, d.h. die selbstgemachte Milch ist etwa 2 - 3 Tage im Kühlschrank haltbar, kann aber auch portionsweise eingefroren werden.

In der reduziertesten Zusammensetzung – Pflanzensamen plus Wasser – wird die Milch natürlich immer einfach nur den Geschmack der jeweiligen Pflanze haben, in stark verdünnter, weil wässriger Form. Geschmackliche Wahrnehmungen sind bekanntlich sehr unterschiedlich. Während manche Menschen das Aroma einer Pflanzenmilch als getreidig, bohnig oder grasig bezeichnen, empfinden andere die gleiche Milchzusammensetzung als neutral bis angenehm nussig. Schon ein wenig Süßungsmittel und eine Prise Salz sind oftmals ausreichend, um einer Milch genügend feines Aroma zu geben.

Natürlich kann aber auch großzügig mit Gewürzen, Gemüsen, (Trocken-)Früchten, Säften und mit Mitteln zur Verbesserung der Textur experimentiert werden. Auch der Zusatz von Pulver aus Heilpflanzen aller Art ist denkbar: für einen besseren Nachtschlaf z.B. Ashwagandha, auch Schlafbeere oder Winterkirsche genannt, Pitaya-Pulver, um das Immunsystem zu stärken, Spirulina-Pulver für die Darmgesundheit und so weiter. Wer Lust hat, kann hier wunderbar experimentieren – ein spannendes Feld für Foodies!

Was gesundheitsunterstützende Zutaten betrifft, so verdient es das Thema „Keimen von Getreide und Hülsenfrüchten" etwas umfassender aufgegriffen zu werden (S. 72 - 74), ist es doch eine sehr simple Möglichkeit, mehr Vitalstoffe in die Milch zu bringen.

Im Folgenden werden hauptsächlich einfache Basisrezepte aufgeführt, auch für eilige Menschen, die mit weiteren Zutaten (siehe S. 74 ff) aus dem Bioladen um die Ecke die für sie angenehmsten Milchvarianten herstellen können.

Die Zutaten in den Rezepten sind meist für einen Liter Wasser berechnet, sie können natürlich auch halbiert oder verdoppelt werden.

Aus Stärke wird Zucker: Gekaufte Getreidedrinks als Süßgetränk?

Wie kommt es, dass Getreidemilch aus dem Tetrapack im Gegensatz zur selbst hergestellten süß schmeckt, obwohl auf der Packung steht „ohne Zuckerzusatz"? Tatsächlich wird kein Zucker zugefügt, er entsteht durch die Produktion, durch enzymatische Umwandlung/Fermentation. Bei kommerziellen Getreidedrinks werden Getreide und Wasser erhitzt und Enzyme dazugegeben. Diese dienen dazu, die Stärke des Getreides in Zucker umzuwandeln. Das bedeutet, dass der Zuckergehalt in den Getreidedrinks um ein Vielfaches höher wird als er im Getreide selbst vorhanden ist. Diese Verfahrensweise muss nicht auf der Verpackung angegeben werden. Im Prinzip wird eine so behandelte Getreidemilch leicht zu einem Süßgetränk und ist nicht wirklich eine gute Milchalternative für Menschen, die Zucker meiden müssen/wollen. Selbsthergestellte Pflanzenmilch wird gewöhnlich nicht enzymatisch umgewandelt und schmeckt deshalb kaum süß. Bei Milch aus Hülsenfrüchten oder Nüssen ist eine enzymatische Umwandlung/Fermentation generell nicht möglich, sie enthalten zu wenig Stärke.

Küchenhelfer für das Milchen

Um Pflanzenmilch herzustellen, sind nur wenige Geräte und Utensilien nötig, die in den meisten Haushalten vorhanden sein dürften.

Messbecher/Digitale Küchenwaage

Zur Abmessung der Zutaten ist zumindest ein Messbecher, besser aber noch eine digitale Küchenwaage nützlich. Wer viel Erfahrung hat, kann natürlich auch freestyle vorgehen.

Stabmixer (Pürierstab)

Stabmixer, fast unverzichtbare Küchenhelfer, bestehen aus einem Pürierstab mit rotierendem Messer und einem Korpus mit Griff, an dem sich mehrere Geschwindigkeitsstufen einstellen lassen. Sie sind vielseitig, preisgünstig und platzsparend. Gute Stabmixer schaffen es, fast alles – außer sehr harten Zutaten – fein zu pürieren. Der Stabmixer kann in jedem Topf und in jeder Schüssel eingesetzt werden.

Standmixer

Standmixer bestehen aus einem Motorblock und einem abnehmbaren Mixbehälter mit Messereinsatz. Je nach Ausführung, Funktionsvielfalt und Leistungsfähigkeit kann der Preis für ein solches Gerät stark differieren. Je leistungsstärker ein Standmixer ist, desto feiner und schneller kann er pürieren.

Ab einer Leistung von 1000 Watt werden Standmixer gewöhnlich als Hochleistungsmixer bezeichnet. Solche leistungsstarken Mixer schaffen es, auch ganz harte Milchzutaten (gefrorene Früchte, faseriges Gemüse, Eiswürfel) zu zerkleinern. Sie können so fein pürieren, dass kaum feste Partikel übrigbleiben. Das erspart dann oftmals das Durchseihen durch ein Filtertuch oder einen Nussmilchbeutel und hat den Vorteil, dass alle Nährstoffe in der Milch bleiben und nicht teilweise mit dem Trester entfernt werden.

Um den Mixer nicht allzu sehr zu strapazieren, empfiehlt es sich, in mehreren Mixintervallen zu pürieren, d.h. zuerst auf einer niedrigen Stufe grob zu zerkleinern und erst gegen Ende auf der höchsten Stufe fein zu pürieren.

Da Standmixer in der Regel recht hohe Drehzahlen erreichen, sind sie auch zum Emulgieren gut geeignet.

Küchenwerkzeuge zum Milchen: Meßbecher oder digitale Küchenwaage, Stabmixer, Pflanzenmilchbereiter.

Filtertuch, Nussmilchbeutel, feinmaschiges Sieb

Um die festen Bestandteile so gut wie möglich von der Flüssigkeit zu trennen, ist bei nicht ganz so leistungsstarken Mixern ein Filtertuch hilfreich, z.B. in Form eines käuflichen oder selbstgenähten Nussmilchbeutels aus Baumwolle oder Leinen. Im Netz gibt es eine Reihe von Anleitungen für selbstgenähte Beutel aus dünnen Stoffresten ohne synthetische Fasern (z.B. https://utopia.de/ratgeber/nussmilchbeutel).

Wichtig ist, dass der Beutel für Flüssigkeiten gut durchlässig und gleichzeitig so fest ist, dass er stark gepresst und geknetet werden kann. Er wird am besten mit der Naht nach außen verwendet, dann lässt er sich besser reinigen, und es bleiben keine Reste an der Naht hängen. Alternativ sind aber auch ein sauberes, sehr dünnes Küchen- oder Leinentuch, eine Stoffwindel und dgl. möglich. Wichtig ist, das Filtertuch zeitnah, bevor die Bestandteile festgetrocknet sind, so heiß wie möglich auszuspülen, damit sich keine Keime ansiedeln können.

Statt Filtertuch oder Nussmilchbeutel finden es manche Menschen einfacher, die milchige Masse mit einem Löffel durch ein feinmaschiges Sieb zu passieren. Am besten ist natürlich, auf das Filtertuch, den Nussmilchbeutel oder das Sieb zu verzichten, die Milch so fein wie möglich zu pürieren und sie mit den winzigen Partikeln darin zu genießen. Dadurch bleibt die Milch nährstoffreicher, viel frisches Wasser wird gespart und eine lästige Reinigung obendrein.

Pflanzenmilchbereiter

Nur der Vollständigkeit halber sei erwähnt, dass es spezielle Pflanzenmilchbereiter im Handel gibt, recht komfortable elektrische, sowie ganz einfache, die aus einem Behälter für das Wasser, einem passenden Filter zum Einfüllen der Zutaten und einem Mörser zum Auspressen der Pulpe bzw. des Tresters bestehen. Zerkleinert wird bei diesen einfachen Milchbereitern vorher mit einem Stabmixer.

Aufbewahrungsbehälter

Gläser mit Schraubverschluss sind in jedem Haushalt zu finden. Praktisch sind Halbliter- oder Liter-Einmachgläser, die sich leicht in der Geschirrspülmaschine reinigen lassen. Schöner, aber auch aufwendiger zu reinigen sind Flaschen mit Schraub- oder Korkverschluss. Wenn nötig, können sie vor dem Einfüllen der Milch im Kochtopf mit kochendem Wasser sterilisiert werden oder eine Viertelstunde lang ohne Deckel im Backofen (auf 120°C vorheizen).

Gläser zum Keimen siehe S. 72

Weitere Küchenwerkzeuge: Hochleistungsmixer, Nussmilchbeutel, Seihtuch und Sieb, Aufbewahrungsbehälter.

Vor dem Milchen keimen lassen ...

Zeigen sich erste Wurzeln am Samenkorn, wird dies als Keimen bezeichnet. Getrocknete Samen sind natürliche Konserven, die, unbeschädigt und trocken aufbewahrt, viele Jahre lang keimfähig sind. Erst in Verbindung mit Wasser entwickeln sie sich zu Keimlingen, zu Sprossengrün und dann zu Pflanzen. Es heißt, der Keimprozess für Samen sei das, was der Prinz für Dornröschen war. Der „schlafende" Samen wird „aufgeweckt", indem durch das Einweichen in Wasser seine Keimhemmung aufgehoben und die Lebenskraft aktiviert wird. Das Keimen könnte auch als die kleinste Form des Gärtnerns bezeichnet werden. In vielen Teilen der Erde ist es seit Urzeiten ein alter Brauch, Samen zum Keimen zu bringen und so die Qualität der Nahrung beträchtlich zu erhöhen. Denn beim Keimen des Samenkorns kommt ein großer Umwandlungsprozess in Gang, der Vitamingehalt steigt um ein Vielfaches, und es werden neue Eiweißstoffe gebildet. Keimlinge sind Kraftpakete mit Vitalstoffen in hoher Konzentration!

Einweich- und Keimdauer (Richtwerte)

Durch das Einweichen und anschließende Keimen lassen sich die für uns Menschen unbekömmlichen Stoffe wie Phytinsäure und Bitterstoffe (Saponine) entfernen bzw. minimieren, die in manchen rohen Samen enthalten sind. Dadurch werden sie besser verdaulich. Da die Samen beim Einweichen quellen, sollte nicht an Einweichwasser gespart werden; d.h., es soll-

Praktisch zum Keimen: Glasbehälter mit Siebdeckel. Samen keimen unterschiedlich, bei Getreide sind Weizen und Roggen gewöhnlich unproblematisch.

Einweich- und Keimdauer (Richtwerte)

	Einweichen	Keimen	Bemerkung
Getreide		optional	
Dinkel	12 Std.	60 Std.	Dunkelkeimer
Gerste	8 Std.	48 Std.	
Hirse	10 Std.	72 Std.	
Mais	18 Std.	72 Std.	Dunkelkeimer
Nackthafer	8 Std.	48 Std.	
Roggen	12 Std.	72 Std.	
Weizen, Emmer Kamut, Einkorn	12 Std.	48 Std.	Dunkelkeimer
Pseudogetreide		optional	
Amaranth	6 Std.	48 Std.	
Buchweizen	6 Std.	40 Std.	
Quinoa	1 Std.	48 Std.	
Hülsenfrüchte		optional	
Adzukibohnen	12 Std.	72 Std.	Dunkelkeimer
Erbsen	12 Std.	72 Std.	Dunkelkeimer
Kichererbsen	12 Std.	72 Std.	Dunkelkeimer
Mungbohnen	8 Std.	72 Std.	Dunkelkeimer
Süßlupinen	8 Std.	72 Std.	Dunkelkeimer
schwarze Bohn.	12 Std.	72 Std.	Dunkelkeimer
Sojabohnen	12-15 Std.	72 Std.	Dunkelkeimer
Ölsaaten	optional	optional	
Hanfsamen	6 Std.	72 Std.	Dunkelkeimer
Kürbiskerne	8 Std.	72 Std.	Dunkelkeimer
Leinsamen	nicht einw.	72 Std.	
Sesam	4 Std.	48 Std.	
Sonnenbl.Kerne	6 Std.	48 Std.	Dunkelkeimer
Nüsse+Steinfrüchte	optional		
Haselnüsse	8 Std.		
Mandeln	12 Std.	evtl. 3 Tage	
Walnüsse	4 Std.		
Erdmandeln	12 Std.		

te zum Einweichen mindestens die doppelte Menge an Wasser zu den Samen hinzugegeben werden. Das Wasser nach dem Einweichen unbedingt abschütten und die Samen kurz unter fließendem Wasser spülen, bevor sie zum Keimen gebracht werden.

Die Angaben zur Keimdauer sind Richtwerte und können je nach Umgebungstemperatur etwas differieren, zumal die Keimlinge auch in verschiedenen Entwicklungsstadien zu Milch verarbeitet werden können. In der Literatur sind durchaus unterschiedliche Zeitangaben zu finden. Es gibt auch sich widersprechende Empfehlungen darüber, ob z.B. Nüsse und Ölsaaten überhaupt eingeweicht werden müssen, um von den Inhaltsstoffen optimal zu profitieren.

Wie keimen?

Zum Keimen gibt es für wenig Geld im Handel spezielle Glasbehälter mit Siebdeckel. Keimen ist aber auch z.B. in einem schräg gestellten Einmach- oder Gurkenglas mit einem übergestülpten, mit Haushaltsgummi befestigten Stück Fliegengitter als Siebdeckel möglich.

Da die Samen beim Keimen bis zum vierfachen Volumen anschwellen können, sollten in das Keimglas nicht mehr als 2 bis 3 Esslöffel Keimgut gegeben werden. Das verhindert auch, dass die Samen verderben, weil sie zu dicht aufeinander liegen. Beschädigte Samen nach Möglichkeit aus dem Keimglas entfernen, sie gehen leicht in Gärung über und können andere Keimlinge verderben.

Die gewaschenen Samen in einer Schüssel oder direkt im Keimglas mit reichlich kaltem Wasser übergießen und einweichen lassen (etwa 1 Teil Samen, 3 - 4 Teile Wasser). Die Einweichzeiten sind sehr unterschiedlich (siehe S. 72). Das Einweichwasser sollte immer kalt sein, auch beim folgenden Wässern, da die Samen sonst bereits im Wasser zu gären anfangen können.

Nach der Einweichzeit das Wasser abgießen, die Samen sorgfältig mit frischem kaltem Wasser abspülen, bis es wieder klar ist, und abtropfen lassen. Die käuflichen Keimgläser haben eine praktische Halterung (S. 72), so kann das Glas auf einem Teller schräg aufgestellt werden und überschüssiges Wasser leicht abfließen.

Behälter mit Dunkelkeimern mit einem Küchentuch abdecken. Ansonsten die Samen im Warmen (aber nicht auf der Heizung und nicht in der Sonne) keimen lassen. Die Samen morgens und abends wässern, im Sommer auch dreimal am Tag, damit sie nicht austrocknen

Entwicklung von Dinkel beim Keimen.

und eingehen. Dazu kaltes Wasser durch den Siebdeckel in das Keimglas füllen, die Samen einmal durchspülen. Dabei das Glas schwenken, damit alle Keimlinge benetzt werden. Das Wasser erst nach ein paar Minuten wieder abgießen, damit sich die Keimlinge mit Wasser vollsaugen können. Das Keimglas wieder gekippt auf den Teller stellen, damit das restliche Wasser abfließen kann. Die Keimlinge sollten zwar feucht sein, aber nicht im Wasser liegen. Nach der empfohlenen Keimdauer können die Samen zu Milch verarbeitet werden, sie lassen sich aber auch im Kühlschrank noch ein bis zwei Tage aufbewahren. Die Samen sollten am besten weiterverarbeitet werden, wenn die kleine weiße Wurzel nicht sehr viel größer als der Samen ist, sonst steigt die Fäulnisgefahr. Frische Keimlinge schmecken mild und riechen säuerlich. Ist mit dem Keimen etwas schief gegangen, sollten die Samen entsorgt werden.

Tipp: Im Sommer gibt es oftmals Probleme mit Fruchtfliegen, die von den Keimlingen im Glas angezogen werden und es schaffen, durch die Löcher im Siebdeckel in das Keimglas einzudringen. Abgesehen davon, dass die Fruchtfliegen lästig sind, können sie auch bewirken, dass die Samen leichter schlecht werden. Hier hilft es, ein Mulltuch (Babyabteilung Kaufhaus) oder Teile eines Nylonstrumpfes über dem Siebdeckel mit einem Gummi zu befestigen.

Süßungsmittel, Gewürze und weitere Milch-Zutaten

Zucker ist eine Droge. Ein Übermaß davon kann dick machen, müde und depressiv, Karies verursachen und zu weiteren Krankheiten führen. Die Deutsche Gesellschaft für Ernährung empfiehlt deshalb höchstens 50 g, entsprechend 10 Teelöffel pro Tag – wir nehmen inzwischen etwa das Doppelte zu uns. Viele der Pflanzenmilchsorten schmecken mit etwas Süße besser. Anders als bei gekaufter Pflanzenmilch haben wir bei selbst hergestellter aber die Wahl, welche Süße wir verwenden möchten und in welcher Dosis. Auch ein Übermaß an naturbelassener Süße ist für die Gesundheit nicht förderlich, selbst wenn manche davon den Blutzuckerspiegel nicht so rasch in die Höhe treiben wie Haushaltszucker. Der glykämische Index (GI) gibt an, wie schnell Lebensmittel den Blutzuckerspiegel ansteigen lassen, je höher der Wert ist, desto rascher steigt er an.

Welches Süßmittel ist nun für Pflanzenmilch zu empfehlen? Diese Frage ist gar nicht so leicht zu beantworten.

Weißer Haushaltszucker, aus heimischen Zuckerrüben gewonnen, ist stark verarbeitet, wodurch er all seine Vitamine und Mineralstoffe verliert und nur noch „leere" Kalorien (400 kcal/100 g) enthält. Auch nicht gesünder ist der braune, teilraffinierte Roh-Rohrzucker, hergestellt aus Rüben oder Zuckerrohr und geschätzt wegen seines karamellartigen Geschmacks.

Früchte als Süßungsmittel: Mit ihrem natürlichen Anteil an Zucker, genannt Fruktose, enthalten süße Früchte immer auch Vitamine, Mineral- und Ballaststoffe. Frische Früchte und Beeren, sowie Trockenfrüchte wie z.B. Datteln, auch als „Brot der Wüste" bezeichnet, können der Pflanzenmilch einen intensiv süßen Geschmack geben. In vielen arabischen Ländern gelten Datteln aufgrund ihrer wertvollen Nährstoffe als wichtiges Nahrungsmittel. Aber auch Rosinen, Feigen und Dörrpflaumen geben der Milch eine gute Süße.

Selbstgemachtes Fruchtpulver ist eine fein-aromatische Alternative in Pflanzenmilch. Es kann schonend im Dörrgerät aus der Überschuss-Ernte süßer Beeren hergestellt werden und lässt sich, trocken und lichtgeschützt in Gläsern mit Schraubverschluss, mindestens 6 Monate aufbewahren (Abb. S. 75 unten).

Honig: Das Bienenprodukt Honig hat zwar einen ähnlich hohen Gehalt an Glucose und Fructose wie Industriezucker, enthält aber auch etliche Mineralstoffe und Spurenelemente sowie Blütenpollen und Enzyme. Da Honig regional von Imkern erhältlich ist und einen für die meisten Menschen angenehmen Geschmack hat, ist er, am besten kaltgeschleudert und in Bioqualität, eine weitestgehend naturbelassene, wenn auch nicht vegane Alternative zu Haushaltszucker. Honig ist fast so kalorienreich wie Haushaltszucker, hat aber eine stärkere Süßkraft, so dass davon weniger in der Milch nötig ist.

Fruchtdicksäfte: Sie werden hierzulande aus zu Saft gepressten Äpfeln, Birnen und Trauben hergestellt und kalt oder bei 45 - 60°C eingedickt. Für einen Liter Dicksaft sind 5 - 7 Liter Saft nötig. Fruchtsäfte enthalten noch alle Mineralstoffe und Spurenelemente der ursprünglichen Frucht und ihre Geschmacksstoffe. Eingedickte, konzentrierte Pflanzensäfte haben einen ausgeprägten Eigengeschmack durch ihr jeweiliges Fruchtaroma. Ihr hoher Anteil an Fruchtzucker kann bei übermäßigem Verzehr die Leber belasten.

Fruchtsäfte, wie z.B. Apfel,- Trauben- oder Johannisbeersaft können einen Teil des Wassers in der Milch ersetzen.

Stevia als Süßungsmittel: Stevia (*Stevia rebaudiana*), auch Süß- oder Honigkraut genannt, stammt ursprünglich aus Südamerika. Inzwischen gibt es auch bei uns im Frühjahr für wenig Geld Steviapflanzen zu kaufen. Sie entwickeln sich im Garten oder auf dem Balkon in kurzer Zeit zu einem niedrigen Busch mit weißer Blüte (Mai bis September) und grünen

Selbstgemachte Fruchtpulver zum Süßen: Bananen-, Erdbeer- und Himbeerpulver.

Blättern. Die Blätter können im Herbst geerntet, getrocknet und gemahlen werden. Sie enthalten viele Vitalstoffe, treiben den Blutzuckerspiegel nicht in die Höhe (glykämischer Index: 0) und belasten auch nicht die Leber, da sie keinen Fruchtzucker enthalten. Das gemahlene Pulver hat anfangs einen etwas gewöhnungsbedürftigen Geschmack. Stevia ist in der EU seit 2011 zugelassen, mögliche Nebenwirkungen sind allerdings noch nicht abschließend geklärt. Die Pflanze soll deshalb nur in kleinen Mengen konsumiert werden, zumal sie etwa 15 bis 30 mal stärker süßt als Haushaltszucker. *Ahornsirup* (aus den USA oder Kanada), *Agavensirup* (vor allem aus Mexiko) und *Kokosblütenzucker* (aus Asien) sind wegen der sehr langen Lieferwege aus ökologischer Sicht im Vergleich zu den altbewährten heimischen Süßstoffen eher die zweite Wahl. Im Unterschied zu Fruchtdicksäften werden Sirupe immer durch Kochen hergestellt. Wer diese Süßmacher dennoch verwenden möchte:

Ahornsirup, hergestellt aus dem eingekochten und eingedickten Saft von Ahornbäumen, hat gerade einen noch niedrigen glykämischen Index (GI 55) und einen recht starken Karamellgeschmack. Seine Süßkraft ist etwas geringer als die von Haushaltsszucker.

Agavensirup, gewonnen aus einer kakteenartigen Pflanze, hat einen niedrigen glykämischen Index. Heller Agavensirup hat wenig Eigengeschmack, je dunkler die Farbe, desto karamellartiger ist sein Aroma. Die Süßkraft von Agavensirup ist etwa 25% stärker als die von Haushaltszucker. Sein hoher Anteil an Fruchtzucker (90%) ist allerdings nicht gerade leberfreundlich.

Kokosblütenzucker, hergestellt aus dem Nektar der Kokospalme, hat einen niedrigen glykämischen Index (GI 35), ist nährstoffreich und hat einen sehr geringen Anteil an Fruchtzucker. Er schmeckt übrigens nicht nach Kokos, sondern hat einen eher erdigen, etwas karamellartigen Geschmack und kann 1:1 wie Zucker benutzt werden.

Steviapflanze.

Wie viel Süße in der Milch?

Ob überhaupt und wenn ja wie viel Süßmittel einer Pflanzenmilch zugegeben werden soll, damit sie angenehm schmeckt, ergibt sich aus dem Verwendungszweck und dem individuellen Empfinden. Für eine süße Pflanzenmilch aus 1 Liter Wasser und pflanzlicher Zutat wird oftmals empfohlen:
1 Esslöffel Honig, Dicksaft oder Sirup bzw. 2 bis 6 Trockenfrüchte oder Datteln bzw. 1 bis 2 TL trockenes Steviakraut. Je nach persönlichen Geschmacksvorlieben sind die Mengenangaben natürlich variabel.

Teelöffel und Esslöffel können unterschiedlich groß sein. Offiziell gilt:
1 TL = 5 ml = 7 g Zucker/Salz = 5 g Wasser/Öl
1 EL = 10 ml = 15 g Zucker/Salz
entsprechend 10 g Wasser/Öl;
z.T. wird auch 1 EL = 3 TL = 15 ml genannt.

In klimatisch milden Regionen sind auch bei uns reiche Feigenernten möglich.

Für die Vorratskammer: Im Dörrer können Feigen schonend getrocknet werden.

Zuckeraustauschstoffe und Süßstoffe: In der Ernährungswissenschaft gelten die süßen Ersatzstoffe derzeit noch als „Black Boxes", da nicht hinreichend erforscht ist, wie sich langfristiger, regelmäßiger Konsum auf den menschlichen Organismus auswirkt. Ihr Vorteil: Sie werden geschmacklich als zuckerähnlich wahrgenommen, aber ohne Insulin verstoffwechselt, d.h. sie wirken sich nicht auf den Blutzucker aus und fördern auch nicht die Entstehung von Karies. Es gibt synthetische Süßstoffe wie Saccharin (in Handelsware als E 952 bezeichnet) und Aspartam (E 951) sowie Zuckeralkohole wie Xylit (E 967) und Erythrit (E 968). Xylit süßt ähnlich stark wie Zucker, hat aber nur etwa die Hälfte der Kalorien, Erythrit süßt etwa halb so stark wie Zucker und ist so gut wie kalorienfrei. Als süße Ersatzmittel sind sie für Diabetiker sicherlich ein Mittel der Wahl. Gemäß dem Bundesinstitut für Risikobewertung (BfR) sind Zuckeraustauschstoffe gesundheitlich unbedenklich, wenngleich sie – die Dosis macht das Gift – bei übermäßigem Verzehr Durchfall und Bauchschmerzen hervorrufen können, da sie nicht leicht zu verdauen sind. Für gesunde Menschen gilt es allerdings zu bedenken, dass Süß- und Zuckeraustauschstoffe chemisch hergestellte Substanzen sind und der menschliche Organismus aus entwicklungsgeschichtlicher Sicht nicht an solche Substanzen gewöhnt ist.

Süßen mit heimischen Feigen statt Datteln?

Feigengehölze stammen aus Kleinasien und lieben Sonne und Wärme. Inzwischen gibt es aber auch bei uns robuste Sorten von der Echten Feige *(Ficus cariaca)*, die in klimatisch milden Regionen wie z.B. in Weinanbaugebieten die üblichen Winter problemlos überstehen, wenn sie an einen geschützten Standort mit viel Sonne gepflanzt werden (Bild oben). Da bietet es sich an, einen Teil der Ernte durch Trocknen haltbar zu machen und als Süßstoff für die Pflanzenmilch zu verwenden. Dazu werden die vollreif geernteten Feigen halbiert und am besten im Dörrapparat bei nicht mehr als 42°C getrocknet, um die Rohkostqualität zu erhalten. Das kann allerdings dauern, da Feigen verhältnismäßig viel Wasser enthalten. Ausreichend getrocknet sind die Früchte, wenn sie leicht ledrig sind und keine Flüssigkeit auf der Oberfläche mehr vorhanden ist. Gut getrocknete Feigen sind mehr als ein Jahr haltbar, wenn sie kühl und dunkel in gut verschlossenen Schraubgläsern aufbewahrt werden.

Milchzutat Öl

Kuhmilch hat von Natur aus einen höheren Fettanteil im Vergleich zu den pflanzlichen Alternativen. Um der Pflanzenmilch-Emulsion etwas mehr Konsistenz und Homogenität zu geben, kann Öl zugesetzt werden. Dadurch wird die selbst gemachte Pflanzenmilch etwas cremiger und nährstoffreicher. Als Faustregel gilt: 1 EL kaltgepresstes Öl (= 10 g) mit möglichst wenig Eigengeschmack in 1 Liter Wasser ergibt eine Flüssigkeit mit 1% Fettgehalt. Alternativ ist auch weißes Mandelmus geeignet, wenn Öl nicht als ausreichend geschmacksneutral empfunden wird. Soll Milch etwas aufgeschäumt werden, ist die Zugabe von Öl oder Mandelmus auf jeden Fall nötig.

Rapsöl: Kalt gepresstes, natives Rapsöl (Bioqualität) ist kaum behandelt, schmeckt neutral bis leicht nussig und gilt als gesund, Raps wird hier angebaut, enthält viele Vitamine (besonders Vitamin A) und sekundäre Pflanzenstoffe. Rapsöl kann durch sein sehr gutes Verhältnis zwischen den Fettsäuren Omega 3 und Omega 6 das schädliche LDL-Cholesterin im Körper senken und Entzündungen hemmen.

Leinöl: Das aus Leinsamen durch kalte Pressung gewonnene Leinöl (Bioqualität) schmeckt leicht nussig, manchmal mit einem sehr dezent bitteren Nachgeschmack, und gilt als so wertvoll für die Gesundheit, dass empfohlen wird, täglich einen Esslöffel davon zu verzehren. Von allen Ölen hat es den höchsten Anteil an der entzündungshemmenden und Blutzuckerspiegel regulierenden Alpha-Linolensäure. Leider zersetzt sich das Öl leicht und fängt dann an, statt des nussigen Aromas einen unangenehmen, leicht tranigen Geschmack anzunehmen. Es sollte deshalb im Kühlschrank aufbewahrt und nach Öffnung des Behälters (Luftzutritt!) innerhalb von 4 Wochen verbraucht werden.

Mehr Aroma – zum Beispiel:

- Salz: Eine Prise Salz (1/4 TL pro Liter Wasser) in der Pflanzenmilch verstärkt jedes Aroma.
- Vanilleextrakt oder -schote (eine Schote ersetzt etwa 2 TL Vanilleextrakt), Kardamom (1/2 TL pro Liter Wasser), Zimt (1 TL pro Liter Wasser) und Kurkuma (1 EL pro Liter Wasser) sind besonders in den Wintermonaten eine wärmende Milchzutat.
- Kakaopulver (1 EL pro Liter Wasser) erzeugt einen schokoladigen Geschmack.
- Carob-Pulver bringt als weniger bittere Alternative zu Kakaopulver einen eher fruchtig-süßen Karamellgeschmack.
- Matcha (Grünteepulver) oder lösliches Kaffeepulver in der Pflanzenmilch macht munter.
- Eine Chai-Gewürzmischung gibt ein orientalisches Aroma.
- Weitere Aromabooster: Geriebene Zitronen- oder Orangenschale, Ingwer als frische Wurzel oder Pulver (1 TL pro Liter Wasser), etwas Muskatnuss (1/4 TL pro Liter Wasser), Pfeffer, Chili …

Verdickungsmittel

Um der Milch eine cremigere Konsistenz zu geben, sind neben der Zugabe von Öl, Nussmus, Lecithin etc. auch gemahlene Leinsamen oder Flohsamenschalen (1 EL pro Liter Pflanzenmilch) geeignet. Sie erzeugen eine angenehm sämige Textur, die allerdings, nicht wie bei Lecithin, längere Zeit stabil bleibt. Leinsamen und

Zimt

Das Bundesinstitut für Risikobewertung (BfR) schreibt: Cumarin ist ein Aromastoff, der in höheren Konzentrationen in Zimtsorten vorkommt, die unter dem Begriff Cassia-Zimt zusammengefasst sind. Cumarin kann bei empfindlichen Personen schon bei relativ niedrigen Dosierungen Leberschäden hervorrufen. Zu unterscheiden ist im wesentlichen der milde Ceylon-Zimt und die etwas herberen Cassia-Arten, die höhere Mengen an Cumarin enthalten. Wer Zimt in größeren Mengen als Gewürz verwendet, sollte besser auf cumarinarmen Ceylon-Zimt ausweichen.
https://bfr.bund.de/de/presseinformation/2012/cassia-zimt

Flohsamenschalen quellen in der Milch gut auf, da sie Wasser binden, und sorgen zudem für zusätzliche Ballaststoffe.

Milchzutat Lecithin

Emulgatoren helfen, als Bindemittel nicht miteinander mischbare Flüssigkeiten wie Wasser und Fett stabil zu vermengen und ein angenehmes Mundgefühl herzustellen. Ein natürlicher Emulgator ist Lecithin, das auch in Sojabohnen, Mais, Pflanzenölen (Rapsöl), in Sonnenblumenkernen und Hanf vorkommt. Sehr gebräuchlich ist Sojalecithin (E 322), das in vielen käuflichen Lebensmitteln (Schokolade, Eis, Backwaren, Light-Produkten etc.) enthalten ist. Es verbessert die Konsistenz, sorgt für eine längere Haltbarkeit und gilt als gesundheitlich unbedenklich. Nur bei Babynahrung gibt es eine Höchstmengenbegrenzung. Eventuelle gesundheitliche Vorteile bezüglich des Fettstoffwechsels sind noch nicht hinreichend erforscht. Einige Hersteller von Biolebensmitteln verzichten allerdings freiwillig auf Lecithine aus Soja- und Maispflanzen, da diese oft in Monokulturen und/oder gentechnisch verändert angebaut werden. Lecithin ist als Pulver oder lösliches Granulat in Bioläden und Drogeriemärkten erhältlich.

Schaumkrönchen aus Pflanzenmilch auf dem Kaffee gehen auch ohne Barista-Produkte.

Selbst gemachte Milch aufschäumen

Selbst gemachte Pflanzenmilch dicker und cremiger zu bekommen ist kein Problem: Einfach den Anteil an Wasser in der Milch reduzieren. Das funktioniert besonders gut mit Nuss- oder Sojamilch. Mit Getreide bekommt die konzentrierte Milch aufgrund der enthaltenen Stärke allerdings schnell eine zu dicke Textur (ein Gewichts-Teil Getreide auf 5 Teile Wasser sind ausreichend).

Wer möchte nicht seinen Kaffee oder Kakao mit einem feinporigen Milchschaumkrönchen genießen? Die käuflichen Barista-Pflanzenmilchprodukte enthalten eine Reihe von Zusätzen, damit die Milch schäumen kann, was zeigt, dass es nicht selbstverständlich ist, dass Pflanzenmilch aufgeschäumt werden kann. Denn pflanzliches Eiweiß verhält sich anders als tierisches. Es gibt Pflanzenmilch, die sich überhaupt nicht aufschäumen lässt, andere hat einen zu starken Eigengeschmack und wieder andere flockt in der heißen Flüssigkeit unangenehm aus, da das enthaltene Eiweiß gerinnt. Anders als tierische Milch enthalten die pflanzlichen Milchalternativen meist zu wenig Fett und Eiweiß, die beiden Faktoren, die Milch zum Aufschäumen bringen. Denn beim Aufschäumen umschließen Fett und Eiweiß die Luftbläschen und erzeugen so die Schaumstruktur. Und je mehr Fett in der Milch ist, desto länger bleibt der Schaum stabil. Wer feinen Schaum aus pflanzlicher Milch erzeugen möchte, muss zwangsläufig ein wenig üben und experimentieren. Milch aus Hafer, Mandeln, Haselnüssen und Lupinen lässt sich einigermaßen gut aufschäumen, wenn sie mit Cashewkernen, neutralem Pflanzenöl (z.B. Rapsöl, Sonnenblumenöl etc.) und/oder weiteren Zutaten (z.B. Lecithin) gemixt wird. Damit wird der Schaum stabiler.

Dass Pflanzenmilch im Kaffee ausflockt, liegt übrigens weniger an der Milch als an der Säure im Kaffee. Je mehr Gerbsäure die Kaffeesorte enthält, desto eher gerinnt das pflanzliche Eiweiß. Die kleinen Flocken sehen vielleicht nicht immer appetitlich aus, verändern aber den Geschmack nicht. Damit die Milch im Getränk gut schäumt, sollte der Kaffee nicht wärmer als 70°C sein.

Als Faustregel gilt: 1 TL bis 1 EL Lecithin auf 1 l Wasser, noch besser mit Zugabe von 1 EL geschmacksneutralem Öl.

Basisrezept: „Barista"-Milch

1 l Pflanzenmilch
50 g Cashewkerne

Die Zutaten im Mixer pürieren und durch einen Nussmilchbeutel filtern. Ist der Mixer nicht leistungsstark, empfiehlt es sich, die Cashewkerne vorher einzuweichen oder einen gehäuften EL Cashewmus zu verwenden. Stattdessen kann die Milch auch mit 1 - 2 EL neutralem Speiseöl vermischt werden. Die Zugabe von 1 gehäuftem TL Soja-, Raps- oder Sonnenblumenlecithin, einem natürlichen Emulgator (siehe oben), hilft, den Schaum länger zu halten und das Ausflocken zu verzögern. Bei nicht ganz so hohem Anspruch an einen perfekten feinporigen Milchschaum mag es auch schon ausreichen, wenn die Pflanzenmilch auf etwa 60 - 70°C erwärmt (nicht gekocht) und dann mit dem Milchaufschäumer oder Stabmixer so lange aufgeschlagen wird, bis sich etwas Schaum bildet. Das gilt nicht für Mandelmilch, die schäumt nur, wenn sie kühlschrank-kalt ist.

Im Netz werden zum Thema „Pflanzenmilch aufschäumen" viele Erfahrungen geteilt. Wie sich Hafermilch aufschäumen lässt, wird z.B. ausführlich beschrieben unter https://www.smarticular.net/barista-hafermilch-selber-machen-oatly-preiswert/

Vom Korn zur Milch: Getreide und Pseudogetreide zuerst einweichen.

Vom Korn zur Milch – Pflanzenmilch aus Getreide

Getreide aus dem Hobbygarten zu ernten und aufzubereiten ist leider ein recht mühsames Unterfangen (siehe S. 20 ff.). Andererseits ist Milch aus Getreide, insbesondere aus Hafer, sehr beliebt und füllt im Supermarkt die Regale. Deshalb kann es auch eine Lösung sein, ungemahlenes Getreide oder Getreideflocken für die Milch zu kaufen.

Die Milch kann aus ganzen oder geschroteten Körnern oder auch aus Flocken hergestellt werden. Je nach Zubereitungsart fällt der Geschmack leicht unterschiedlich aus. Milch aus ganzen gekeimten Körnern schmeckt etwas besser und ist gehaltvoller als z.B. aus Flocken hergestellte Milch.

Getreidemilch aus ganzen Körnern, Schrot oder aus Flocken hat wie jede selbstgemachte Pflanzenmilch viele Vorteile im Vergleich zu den tierfreien Drinks aus dem Supermarkt: Sie kostet wenig, es entsteht kein Müll aus Tetrapacks und sie enthält nur die selbst gewählten Zutaten. Getreide ist zudem sehr lange haltbar, so dass frische Getreidemilch immer zur Hand ist. Da aber jede Pflanzenmilch einen hohen Anteil an Wasser hat, ist der Nährstoffgehalt von Pflanzenmilch nicht mit dem des vollen Korns zu vergleichen, sondern natürlicherweise geringer, besonders, wenn manche festen Bestandteile – und damit auch wertvolle Nährstoffe – zum Teil ausgefiltert oder ausgesiebt werden. Wen es nicht stört, sollte deshalb das Getreide-Wasser-Gemisch so fein wie möglich pürieren und auf das Filtern verzichten. So ist die Milch auch länger sättigend.

Da selbsthergestellte Getreidemilch gewöhnlich nicht fermentiert wird, hat sie in ihrer reinen Form nicht das süßlich-nussige Aroma wie die Pflanzendrinks aus dem Handel (siehe S. 69), sondern einen eher neutralen bis leicht getreidigen Geschmack. Der lässt sich durch die Zugabe von Süßungsmittel etc. aber leicht überdecken.

Unverträglichkeiten

Etwa 5% der Bevölkerung verträgt das Klebereiweiß (Gluten) nicht, das in unterschiedlichen Konzentrationen in Getreide wie Dinkel, Roggen, Weizen, (handelsüblichem) Hafer, Gerste, Einkorn und Emmer vorkommt. Eine glutenfreie Ernährung hat für Menschen, die Gluten vertragen, keinerlei Vorteile, löst aber bei Personen, die an einer Unverträglichkeit (Zöliakie) leiden, ernsthafte Beschwerden (Darmerkrankungen) aus. Während Dinkel und Weizen vergleichsweise viel Gluten haben, Roggen dagegen eher wenig, enthalten Mais und Hirse kein Klebereiweiß. Ebenso frei von Gluten sind die Pseudogetreide Amaranth, Buchweizen und Quinoa. Es empfiehlt sich, auch die Pseudogetreide einzuweichen oder, noch besser, sie anzukeimen (S. 72).

Getreide kann übrigens auch allergische Reaktionen auslösen, so z.B. die Eiweißbestandteile im Weizen.

Nährwert von Getreide und Pseudogetreide je 100 g (ungekocht)*

Getreide	Energie kcal	Fett g	Kohlenhydrate g	Eiweiß g	Ballaststoffe g
Dinkel	329	1,7	60,3	17,0	10,0
Einkorn	338	2,7	63,3	10,8	8,8
Emmer	345	3,9	59,4	12,6	11,2
Gerste	320	2,1	64,3	9,8	9,8
Hirse	354	3,9	68,6	10,6	3,9
Kamut	378	2,7	64,7	17,0	12,0
Mais	331	3,8	59,4	8,5	9,2
Nackthafer	332	7,1	55,7	10,7	9,7
Roggen	294	1,7	59,7	9,0	14,0
Weizen	313	2,1	61,0	11,7	10,3
Amaranth	403	6,5	61,1	14,4	9,3
Buchweizen	341	1,7	71,3	10,0	3,7
Quinoa	360	5,0	60,0	16,0	7,0

*Nach: www.naehrwertrechner.de. Die Nährwerte von Naturprodukten unterliegen Schwankungen.

Pflanzenmilch aus Getreide eignet sich nicht nur zum Pur-Trinken, im Kaffee, für Müsli oder Frischkornbrei und für Desserts, sondern auch sehr gut zum Verfeinern von herzhaften Gerichten wie Suppen, Saucen und Currys.

Wie jede Pflanzenmilch schmeckt auch mit Süßungsmittel und Gewürzen angereicherte Milch aus Getreide besser, wenn sie vor dem Verzehr etwa 2 Stunden ruht, um ihr volles Aroma zu entfalten. Wer möchte, kann verschiedene Getreidesorten mixen, Sonnenblumenkerne mitpürieren, Erdmandeln zum Süßen zugeben, oder auch Nüsse, Beeren oder Bananen....

Basisrezept I: Milch aus gekeimten Getreidekörnern

Rohe Getreidekörner enthalten Phytinsäure, die es dem Korn ermöglicht, zu keimen, uns aber die Aufnahme von Nährstoffen erschwert. Durch das Einweichen und Keimen werden Phytinsäure und Bitterstoffe im Korn abgebaut, so dass die Nährstoffe in den Körnern für den menschlichen Organismus besser verfügbar werden. Zudem werden dadurch die Körner für Menschen mit empfindlichen Mägen bekömmlicher. Milch aus gekeimten Körnern schmeckt auch ohne weitere Zutaten (außer einer Prise Salz) weniger herb, ist dafür leicht sämiger und etwas aromatischer als Milch, bei der die Körner nur eingeweicht wurden. Und nicht zu vergessen, ihr Nährstoffgehalt ist ungleich höher.

80 - 100 g keimfähige Körner (je nach gewünschter Sämigkeit ggf. etwas mehr)
1 l Wasser
1 Prise Salz (optional)
Weitere Zutaten nach Geschmack (S. 74 ff.), z.B. 1 EL Honig oder 2 - 6 Datteln

1. Die Körner in reichlich kaltem Wasser einweichen (Einweich- und Keimzeiten siehe S. 72).
2. Das Einweichwasser abschütten, die Körner unter fließendem Wasser kurz durchspülen und dann mehrere Tage keimen lassen, dabei zwei- bis dreimal täglich das Wasser im Keimglas wechseln.
3. Wenn die Körner etwa doppelt so lange Wurzeln haben wie das Korn groß ist, frisches Wasser zugeben und mit dem Pürierstab bzw. im Mixer so lange zerkleinern, bis die Flüssigkeit sämig ist.

4. Soll die Milch dünnflüssig bleiben, durch einen Nussmilchbeutel (S. 71) in eine Schale filtern, alternativ mit einem Löffel durch ein feinmaschiges Sieb passieren oder die Flüssigkeit ungefiltert belassen, wenn die kleinen, aber gehaltvollen Partikel (Ballaststoffe!) nicht stören. Wird die Milch ungefiltert verwendet, können in dem Mixvorgang gleich weitere Zutaten mit püriert werden. Bei gefilterterter Milch sollten die weiteren Zutaten erst nach dem Filtern eingerührt und/oder, wenn nötig, im Mixer vermischt werden.
5. In eine gut verschließbare Flasche füllen. Im Kühlschrank ist die Milch 2 - 3 Tage haltbar. Überlagerte Milch ist am säuerlichen Geschmack zu erkennen. Vor Gebrauch schütteln, um die abgesetzten Schwebstoffe wieder mit der Flüssigkeit gleichmäßig zu vermischen. Die Milch kann auch in Portionsgrößen eingefroren werden (Haltbarkeit ca. 3 Monate).

Basisrezept II: Milch aus eingeweichten Getreidekörnern

Vorteil: Zeitersparnis durch Verzicht aufs Keimen. Nicht gekeimte Getreidekörner können mit dem Pürierstab oder im Mixer nach dem Einweichen schnell zu Milch verarbeitet werden. Dem eventuell etwas stärkeren getreidemehligen Geschmack kann mit Süßungsmitteln und Gewürzen gegengesteuert werden. Haferkörner lassen sich z.B. sehr leicht und ohne viele Rückstände pürieren und haben so gut wie keinen Eigengeschmack. Ob die eventuell nicht zur Genüge abgebaute Phytinsäure überhaupt nennenswerte negative Effekte hat, ist noch nicht hinreichend erforscht.

- 80 - 100 g Getreidekörner (je nach gewünschter Sämigkeit auch etwas mehr)
- 1 l Wasser
- 1 Prise Salz (optional)
- Weitere Zutaten nach Geschmack (S. 74 ff.)

1. Die Körner in reichlich kaltem Wasser einweichen (Einweich- und Keimzeiten siehe S. 72).
2. Das Einweichwasser abschütten, die Körner unter fließendem Wasser kurz durchspülen.
3. 1 Liter kaltes Wasser zugeben und mit dem Pürierstab oder im Mixer fein zerkleinern.
4. Soll die Milch dünnflüssig bleiben, durch einen Nussmilchbeutel (S. 71) in eine Schale filtern, alternativ mit einem Löffel durch ein feinmaschiges Sieb passieren oder die Flüssigkeit ungefiltert belassen, wenn die kleinen, aber gehaltvollen Partikel (Ballaststoffe!) nicht stören. Wird die Milch ungefiltert verwendet, können weitere Zutaten im selben Mixvorgang mit püriert werden. Ansonsten die weiteren Zutaten erst nach dem Filtern einrühren oder, wenn nötig, im Mixer vermischen.
5. In eine gut verschließbare Flasche füllen. Im Kühlschrank ist die Milch 2 - 3 Tage haltbar. Überlagerte Milch ist am säuerlichen Geschmack leicht zu erkennen. Vor Gebrauch schütteln, um die abgesetzten Schwebstoffe wieder mit der Flüssigkeit zu vermischen. Die Milch kann auch in Portionsgrößen eingefroren werden (Haltbarkeit etwa 3 Monate).

Basisrezept III: Milch aus ganzen, gekochten Körnern

Vorteil: Durch Kochen wird der Geschmack der Milch meist etwas süßer, weniger getreidig und die Konsistenz cremiger (wobei Hirse z.B. ihr ganz leicht bitteres Eigenaroma auch durch Kochen nicht verliert). Außerdem ist das Pürieren der weicheren Körner einfacher. Falls das Kochwasser mitverwendet werden soll: nicht zu lange kochen, sonst wird die Milch zu dickflüssig. Nachteil: Die wärmeempfindlichen Vitalstoffe in den Körnern gehen durch das Kochen weitgehend verloren. Werden die Körner vor dem Kochen eingeweicht, spart dies einiges an Kochzeit.

- 80 - 100 g Getreidekörner (je nach gewünschter Sämigkeit auch etwas mehr)
- 1 l Wasser
- 1 Prise Salz (optional)
- Weitere Zutaten nach Geschmack (S. 74 ff.)

1. Die Körner in reichlich kaltem Wasser einweichen (Einweichzeiten siehe S. 72).
2. Das Einweichwasser abschütten, die Körner mit frischem Wasser in einem Topf aufkochen und 5 - 10 Minuten zugedeckt weitergaren lassen. Immer wieder umrühren und ggf. Wasser zugeben, wenn die Körner stark aufquellen.
3. Die abgekühlten Körner und eventuell weitere Zutaten unter Zugabe von 1 Liter kaltem frischem Wasser (oder weniger, wenn das Kochwasser mitverwendet wird) im Mixer oder mit dem Pürierstab zerkleinern und vermischen.
4. Soll die Milch dünnflüssig bleiben, durch einen Nussmilchbeutel (S. 71) in eine Schale filtern, alternativ mit einem Löffel durch ein feinmaschiges Sieb passieren oder auch ungefiltert belassen, wenn die kleinen, aber gehaltvollen Partikel (Ballaststoffe!) nicht stören.
5. In eine gut verschließbare Flasche füllen. Im Kühlschrank ist die Milch 2 bis 3 Tage haltbar. Vor Gebrauch schütteln, um die abgesetzten Schwebstoffe wieder mit der Flüssigkeit vermischen. Die Milch kann auch in Portionsgrößen eingefroren werden (Haltbarkeit ca. 3 Monate).

Milch aus Getreideflocken

Aus Getreideflocken, d.h. aus gepressten bzw. gewalzten Körnern, lässt sich schnell Milch herstellen. Getreide-Flocken gibt es im Handel z.B. aus Hafer, Weizen, Roggen, Dinkel und Gerste. Auch glutenfreie Sorten aus Buchweizen und Hirse werden mittlerweile angeboten, ebenso Haferflocken ohne Gluten. Damit die industriell hergestellten Flocken haltbar sind, werden sie mit Wasserdampf behandelt. Dabei gehen Nährstoffe verloren, was die positiven gesundheitlichen Effekte mindert. Außerdem werden in gekauften Haferflocken-Sorten immer wieder mal Schimmelpilze und Mineralöl nachgewiesen. Es ist deshalb sinnvoll, ganze Körner in Flockenquetschen, auch Kornquetschen genannt (gibt es elektrisch, aber auch mit Handkurbel), selbst zu pressen. Getreideflocken quellen schnell auf, sie können Flüssigkeit gut aufnehmen. Hafer lässt sich besonders gut flocken. Von allen Getreiden hat Hafer den höchsten Vitamin B1- und B6-Gehalt und enthält viel pflanzliches Eisen.

Haferflocken haben allerdings – anders als z.B. Dinkel – einen Nachteil: Sie schleimen bei Erwärmung schnell (der berühmt-berüchtigte Haferschleim). Empfohlen wird, nur kurz zu mixen bzw. einen kleinen Teil des kalten Wassers im Mixer durch ein paar Eiswürfel zu ersetzen und beim anschließenden Passieren durch den Nussmilchbeutel nur leicht zu drücken, um eventuell entstandenen Schleim zurückzuhalten.

Basisrezept

100 g Getreideflocken z.B. aus Hafer (je nach gewünschter Sämigkeit auch etwas mehr)
1 l Wasser
1 Prise Salz (optional, ist geschmacksfördernd)
Weitere Zutaten siehe S. 74 ff.

1. Den Haferflocken so viel kaltes Wasser zugeben, dass sie fingerbreit bedeckt sind. Die Haferflocken maximal 15 Minuten lang einweichen lassen.
2. Das Einweichwasser abgießen und die Haferflocken mit kaltem Wasser spülen. Das ist wichtig, um zu vermeiden, dass die Haferflocken eine schleimige Textur bekommen. Das Wasser abgießen.
3. Die Haferflocken mit 1 Liter kaltem Wasser und dem Salz in den Mixbecher füllen, die Haferflocken darin nochmal 5 Minuten quellen lassen und dann so fein wie möglich pürieren.
4. Soll die Milch dünnflüssig bleiben, durch einen Nussmilchbeutel (S. 71) oder alternativ durch ein feinmaschiges Sieb in eine Schale filtern oder auch ungefiltert belassen, wenn die kleinen, aber gehaltvollen Partikel (Ballaststoffe!) nicht stören. Wird die Milch ungefiltert verwendet, können weitere Zutaten im selben Mixvorgang mit püriert werden. Bei gefilterter Milch sollten die weiteren Zutaten erst nach dem Filtern eingerührt oder, wenn nötig, im Mixer vermischt werden.
5. Die Getreidemilch in eine gut verschließbare Flasche füllen. Im Kühlschrank ist die Milch 2 - 3 Tage haltbar. Die Milch vor Gebrauch schütteln, um die Schwebstoffe zu lösen und wieder mit der Flüssigkeit zu vermischen.

Köstliche Hafermilch aus Flocken

100 g Haferflocken (oder mehr)
1 l Wasser
1 Prise Salz
1 EL Rapsöl
1 TL Fruchtdicksaft (oder mehr)
1 TL Mandelmus (oder mehr)

1. Den Haferflocken so viel kaltes Wasser zugeben, dass sie fingerbreit bedeckt sind, und maximal 15 Minuten einweichen lassen.
2. Das Einweichwasser abgießen und die Haferflocken mit kaltem Wasser spülen. Das ist wichtig, um zu vermeiden, dass die Haferflocken eine schleimige Textur bekommen. Das Wasser abgießen.
3. Die Haferflocken zusammen mit 1 Liter Frischwasser in den Mixbecher füllen, die Haferflocken nochmal 5 Minuten quellen lassen und anschließend so fein wie möglich pürieren.
4. Soll die Milch dünnflüssig bleiben, durch einen Nussmilchbeutel (S. 71) oder ein feimaschiges Sieb in eine Schale filtern, oder auch ungefiltert belassen, wenn die kleinen, aber gehaltvollen Partikel (Ballaststoffe!) nicht stören. Wird die Milch ungefiltert verwendet, können Öl, Dicksaft und Mandelmus bereits im Mixvorgang zugegeben werden. Soll die Milch gefiltert werden, am besten erst danach einrühren und, wenn nötig, alles nochmal kurz mixen.
5. Die Getreidemilch in eine gut verschließbare Flasche füllen. Im Kühlschrank ist die Milch 2 - 3 Tage haltbar. Vor Gebrauch schütteln, um die abgesetzten Schwebstoffe wieder mit der Flüssigkeit zu vermischen.

Hafersahne

100 g Haferflocken (oder etwas mehr)
0,5 l warmes Wasser
1 EL Pflanzenöl, z.B. Rapsöl
1 Prise Salz

1. Haferflocken mit der Prise Salz und einem Teil des warmen Wassers 5 Minuten ziehen lassen.
2. Das Hafer-Wasser-Gemisch verrühren und das restliche Wasser unter Rühren dazugeben.
3. Zusammen mit dem Öl und Salz im Mixer oder mit dem Pürierstab fein pürieren und etwa 10 Minuten nachquellen lassen.
4. Haferflocken lassen sich so fein pürieren, dass ein Filtern selten nötig sein wird. Wenn Filtrieren doch erwünscht ist, die Sahne durch einen

Nussmilchbeutel (S. 71) oder alternativ durch ein feinmaschiges Sieb in eine Schale filtern.

5. Die Getreidesahne in eine gut verschließbare Flasche füllen. Im Kühlschrank ist die Sahne einige Tage haltbar; sie lässt sich portionsweise auch gut einfrieren (Haltbarkeit etwa 4 Monate). Sie kann zum Anreichern von Gerichten aller Art – ob süß oder herzhaft – verwendet werden, nur steifschlagen lässt sie sich nicht.

Apfel-Ingwer-Milch (2 -3 Gläser)

500 g Apfelstücke
0,5 l Wasser
50 g Haferflocken
1 kleines Stück Ingwer, geraspelt
1 Prise Zimt
1 Prise Salz

Alle Zutaten im Mixer fein pürieren; wird die Milch zu sämig, evtl. den Wasseranteil erhöhen. Wer Schärfe liebt, kann etwas Chili zugeben.

Milch aus Kamut mit Datteln und Walnüssen.

Amaranthmilch

Amaranth, auch „Inka-Weizen" genannt, gehört zu den Pseudogetreiden und wird wie Getreide verwendet. Die Pflanze ist eine der ältesten Nutzpflanzen der Menschheit, sie wächst weltweit und wird als „Getreide für das dritte Jahrtausend" bezeichnet.

Das Pseudogetreide hat viele wertvolle Nährstoffe, darunter auch Magnesium, Kalzium und viel Eisen, es ist glutenfrei, natriumarm und enthält viel hochwertiges Eiweiß (siehe Nährwerttabelle S. 81) und einen hohen Anteil an mehrfach ungesättigten Fettsäuren. Amaranth wird als Grundnahrungsmittel seit Urzeiten in Südamerika, Asien und Afrika angebaut. Heute gibt es fast 100 Arten. Aufgrund seiner guten Eigenschaften erlebt das Pseudogetreide seit etwa 40 Jahren eine Renaissance, auch bei uns.

Die Blätter und jungen Blütenstände können als zartes, spinatähnliches Gemüse oder auch in Salaten genutzt werden. Selbst die Pfahlwurzeln der Pflanze sind genießbar, sie haben ein süßliches, an Rote Bete erinnerndes Aroma. Zur Herstellung von Pflanzenmilch werden die ganzen Körner benutzt, die leicht nussigen Samen können gut mit Vanille verfeinert werden.

Die Amaranthkörnchen sind sehr klein. Um die anhaftenden Bitterstoffe zu entfernen, sollten die Körner nach dem Einweichen am besten in einem sehr feinmaschigen Sieb, Mulltuch oder im Nussmilchbeutel so lange gespült werden, bis das abgegossene Wasser klar ist. Auch wenn der Amaranth 10 Minuten lang gekocht hat, ist der Geschmack der Milch immer noch leicht grasig/getreidig, was aber gut mit etwas Süßungsmittel überdeckt werden kann. Die Konsistenz der Milch: sehr sämig, etwas gelartig.

Buchweizenmilch

Im Garten angebauter Buchweizen sollte vor dem Gebrauch in einer Getreidemühle geschält werden, da seine Schalen einen roten Farbstoff (Fagopyrin) enthalten, der eine „Buchweizenkrankheit" auslösen kann. Empfindliche Menschen können dadurch bei Sonnenexposition u.a. juckende Hautausschläge bekommen.

Buchweizen enthält neben Ballast- und Mineralstoffen 8 essentielle Aminosäuren sowie Flavonoide und ist gut für die Blutgefäße und die Verdauung. Milch aus Buchweizen ist angenehm leicht und schmeckt etwas getreidiger als z.B. Hafermilch. Wen das nicht stört, genießt Buchweizenmilch pur, die Milch lässt sich aber auch gut mit Zimt, Kardamom und Kakao verfeinern. Buchweizenmilch passt auch gut zum Andicken von Currys und Suppen.

Dinkelmilch

Dinkelmilch ist mild mit einem leichten Eigengeschmack nach Getreide, der nicht allen zusagt, sich aber mit Süßungsmittel überdecken lässt. Die Milch schleimt nicht (anders als Hafer) und flockt im Kaffee oder Tee nicht aus. Dinkel hat einen hohen Anteil an Gluten (Klebereiweiß) und einen recht hohen Eiweißgehalt (siehe Tabelle, S. 81). Dadurch lässt sie sich auch aufschäumen und ist deshalb eine gute pflanzliche Alternative für Café-Latte- und Cappuccino-Fans (S. 80).

Gerstenmilch

Milch statt Bier! Seit Urzeiten dient Gerste zur Bierherstellung und als Tierfutter. Milch aus Gerste ist recht selten, obwohl Gerste bei uns seit Urzeiten angebaut wird. Das ganze Korn hat einen sehr harten Spelz, der bei handelsüblicher Gerste, auch Rollgerste oder Gerstengraupen genannt, für den menschlichen Verzehr abgeschliffen (poliert) ist. Allerdings sind nur ungeschliffene, ganze Gerstenkörner keimfähig – Rollgerste/Gerstengraupen keimen nicht mehr. Die ungeschliffenen Gerstenkörner werden über Nacht eingeweicht, eventuell 48 Stunden lang gekeimt oder auch ungekeimt zu Milch verarbeitet.

Hafermilch

Hafer ist in unseren Breiten die wertvollste Getreideart und eine beliebte Grundzutat für Pflanzenmilch. Das Korn ist eines der fettreichsten Getreide, wobei die Fettstoffe zum großen Teil aus wertvollen ungesättigten Fettsäuren bestehen. Sie können den Cholesterin- und Blutzuckerspiegel senken, sind also für Herz und Kreislauf günstig. Hafer ist zudem recht ballaststoffreich und sättigt gut.

Hafermilch hat einen etwas süßen, leicht nussigen Geschmack mit ein klein wenig Getreidearoma im Abgang. Die Milch lässt sich gut aufschäumen, wenn sie mit Öl gemixt wird, am stabilsten bleibt der Schaum mit etwas Lecithin. Warme Hafermilch, mit ein bisschen Zimt und Honig verfeinert, ist ein leckeres Wintergetränk.

Nackthafer (*Avena nuda*) wird als nackt bezeichnet, da die Spelzen schon beim Dreschen entfernt werden. Dadurch bleiben wichtige Nährstoffe erhalten, da er nicht wie Spelzhafer erhitzt werden muss, um das Entfernen der Spelzen zu erleichtern. Nackthafer gilt ernährungsphysiologisch gesehen als die wertvollste Getreideart und ist gut keimfähig, ein guter Protein-Lieferant und relativ fettreich (darunter 80% ungesättigte Fettsäuren). Er enthält etliche Vitamine und Mineralstoffe, weshalb er in der Vollwerternährung einen hohen Stellenwert hat.

Pseudogetreide (von links nach rechts):
Quinoa, Buchweizen, Amaranth.

Spelzhafer (Avena sativa) wird häufiger angebaut, er ist weniger krankheitsanfällig und zudem ertragreicher. Um die sehr harten Spelzen leichter entfernen zu können, wird er auf bis zu 90°C erhitzt, wodurch er natürlich nicht nur seine Keimfähigkeit verliert, sondern auch die wärmeempfindlichen Vitalstoffe. Erhitzter Hafer ist im Handel auch am Hinweis „Hafer geschält" oder „Hafer entspelzt" auf der Packung zu erkennen.

Hirsemilch

Hirse, das Getreide Afrikas, gehört zu den ältesten Getreidearten der Menschheit und wurde auch bei uns lange angebaut. In Burkina Faso und Nord-Ghana ist ein Willkommensgetränk namens *Zoom-Koom* gebräuchlich, eine süß und würzig schmeckende Hirsemilch mit Ingwer, Zucker oder Honig, Pfeffer und Tamarindensud (kann durch Limonensaft ersetzt werden).

Die Hirsekörner sind reich an Spurenelementen, an Vitamin- und Mineralstoffen, darunter Magnesium, Silizium (Kieselsäure) und Eisen, sie nähren Haare, Knochen und das Bindegewebe. Hirse enthält kein Gluten. Es gibt sehr viele Sorten, von Braunhirse bis zur milden Goldhirse, die alle leicht unterschiedlich schmecken. Auch gekocht und warm schmeckt Hirse sehr lecker.

Hirseporridge – mit Zimt, Nüssen und Beeren eine gehaltvolle Mahlzeit.

Süßer Hirse-Porridge (2 Portionen)

- 100 g Hirse
- 0,5 l Hirsemilch (oder eine andere Nuss- oder Getreidemilch)
- 2 - 4 EL Ahornsirup
- Vanille und Zimt
- Orangen- oder Zitronenschalenabrieb
- 1 Prise Salz
- 1 EL geschmacksneutrales Öl (optional)

1. Hirse in reichlich kaltem Wasser einweichen.
2. Das Einweichwasser abschütten, die Körner mit der Hirsemilch und allen Zutaten aufkochen, die Hitzezufuhr verringern und ca. 20 Minuten oder so lange köcheln bzw. quellen lassen, bis die Körnchen weich sind und die Masse eine sämige Konsistenz angenommen hat. Dabei immer wieder umrühren.
3. Eine nahrhafte Speise, die dem traditionellen Milchreis nicht nachsteht! Mit gehackten Walnüssen, frischen oder getrockneten Beeren servieren. Sehr lecker auch mit einem untergemischten frisch geriebenen Apfel oder einem Schuss Likör.

Milch aus Kanariengras

Kanariengras (siehe auch S. 24) ist als Grundstoff für Pflanzenmilch relativ neu. Lange Zeit waren die Samen hauptsächlich als hochwertiger Hauptbestandteil in Futtermischungen für Kanarienvögel gebräuchlich, sie sind aber auch für den menschlichen Verzehr geeignet und aufgrund ihrer gesundheitsfördernden Eigenschaften vor allem in den USA beliebt.

Inzwischen wird Kanariengras auch hier als Mittel zur erfolgreichen Gewichtsabnahme propagiert, da ihr hoher Anteil an Enzymen und Aminosäuren helfen soll, den Stoffwechsel zu verbessern, Fett abzubauen und den Cholesterinspiegel zu senken. Kanariengras ist kalorienarm, enthält mehr Kalium als Bananen und mehr Kalzium als Magermilch. Kanariengras, auch Spitzsaat genannt, gehört zu den mehlhaltigen Saaten, die kleinen Körnchen enthalten verhältnismäßig viel Eiweiß (13 g Eiweiß in 100 g Samen). Beim Kauf sollte darauf geachtet werden, dass das Kanariengras für den menschlichen Verzehr geeignet ist. In Spanien ist Pflanzenmilch aus Kanariengras inzwischen in Naturkostläden erhältlich, Bei uns gibt es Kanariengras als Saatgut oder in Pulverform.

Basisrezept

100 g Kanariensaat
1 l Wasser
1 Prise Salz (optional)

Die Kanariengrassamen über Nacht einweichen, das Einweichwasser entfernen und mit 1 l frischem Wasser pürieren. Durch einen Nussmilchbeutel oder ein feinmaschiges Sieb geben (die Pulpe mit den Samenschalen nicht verwenden, sie schmeckt aber Hühnern gut). Die Milch hat einen etwas grasigen Geschmack und ist eher zur temporären Abnehmkur sinnvoll. Dazu 10 Tage lang je 1 Glas der Milch morgens auf nüchternen Magen und abends vor dem Zubettgehen trinken. Zur Geschmacksverbesserung können frische Obst- oder Gemüsestücke zugegegben werden.

Milch aus Zuckermais

Zuckermais ist glutenfrei, enthält etliche Mineralstoffe (Kalium, Kalzium, Magnesium, Eisen, Zink) und Vitamine, besonders der B-Gruppe, und Vitamin E.

In Südamerika und Asien ist Maismilch sehr populär. Die Milch ist dünn, leicht seidig-süß und erfrischend. Ihr erdiger Geschmack kann mit Vanille, Kurkuma, Zimt oder Kakao verfeinert werden. Wer es süß liebt, kann noch eine oder mehrere Datteln oder etwas Honig dazugeben. In Thailand wird Maismilch als Getränk beworben, das die Hautzellen verjüngt und eine antioxidative Wirkung hat.

Basisrezept

3 frische Maiskolben
0,7 l Wasser
1 Prise Salz (optional)
Weitere Zutaten, siehe S. 74 ff.

1. Mit einem scharfen Messer die Körner von den Maiskolben trennen.
2. Die Maiskörner mit dem Wasser im Mixer oder mit dem Pürierstab fein zerkleinern.
3. Soll die Milch dünnflüssig bleiben, durch einen Nussmilchbeutel (S. 71) oder durch ein feinmaschiges Sieb in eine Schale filtern, oder auch ungefiltert belassen, wenn die kleinen, aber gehaltvollen Partikel (Ballaststoffe!) nicht stören. Wird die Milch ungefiltert verwendet, können eventuell weitere Zutaten im selben Mixvorgang mit püriert werden. Bei gefilterter Milch sollten die weiteren Zutaten am besten erst nach dem Filtern zugegeben und, wenn nötig, nochmal kurz gemixt werden.
4. Sofort servieren oder in eine gut verschließbare Flasche füllen. Im Kühlschrank ist die Milch 2 - 3 Tage haltbar. Vor Gebrauch schütteln, damit sich die abgesetzten Schwebstoffe wieder mit der Flüssigkeit vermischen.

Die rohen Maiskolben können auch im Ganzen vor dem Pürieren mit dem Wasser im Topf gekocht werden. Zwar gehen die hitzeempfindlichen Nährstoffe dabei verloren, die Milch wird aber sämiger. Wenn das Wasser zu kochen beginnt, den Topf vom Herd nehmen. Die Kolben etwas abkühlen lassen, dann die Körner lösen und unter Zugabe des Kochwassers pürieren.

Süß-cremige Milch aus Zuckermais

Diese Milch wird in China in vielen Restaurants warm oder kalt serviert.

2 Maiskolben
0,5 l Wasser
0,5 l Pflanzenmilch, z.B. Mandel- oder Hafermilch, ungesüßt
1 - 2 EL Honig

1. Die Maiskörner mit einem scharfen Messer vorsichtig von oben nach unten von den Kolben trennen.
2. Die Körner in einem kleinen Topf geben und mit 0,5 l Wasser erhitzen.
3. Aufkochen lassen, dann die Hitze reduzieren und den Honig zufügen. 10 Minuten köcheln lassen und dabei darauf achten, dass nicht die gesamte Flüssigkeit verkocht. Vom Herd nehmen, Körner und restliches Kochwasser abkühlen lassen.
4. Maiskörner mit dem Kochwasser und der Pflanzenmilch in den Mixer geben und pürieren, bis die Flüssigkeit cremig ist.
5. Soll die Milch dünnflüssig bleiben, durch einen Nussmilchbeutel (S. 71) oder ein feinmaschiges Sieb in eine Schale filtern oder alternativ ungefiltert belassen, wenn die kleinen, aber gehaltvollen Partikel (Ballaststoffe!) nicht stören.
6. Kalt oder leicht erwärmt servieren oder in einer gut verschließbaren Flasche aufbewahren. Im Kühlschrank ist die Milch 2 - 3 Tage haltbar. Vor Gebrauch schütteln, damit sich die abgesetzten Schwebstoffe wieder mit der Flüssigkeit vermischen.

Quinoamilch

Das Pseudogetreide Quinoa gilt aufgrund seines hohen Nährstoffgehaltes als Superfood und war 2013 Pflanze des Jahres. Es soll sich positiv auf den Säure-Basen-Haushalt des menschlichen Körpers auswirken und die Cholesterin- und Blutzuckerwerte senken. Milch aus rohen Quinoakörnchen hat einen relativ starken grasigen Geschmack, der sich etwas verliert, wenn das Pseudogetreide vor dem Pürieren 10 Minuten gekocht wird. Zur Verfeinerung eignen sich Kardamom, Kokosblütenzucker und Kakao, aber auch Zimt, Ahornsirup und Kurkuma. Quinoa ist glutenfrei.

Die Quinoakörnchen sind sehr klein, die eingeweichten Körner sollten deshalb vor dem Kochen/Pürieren am besten in einem sehr feinmaschigen Sieb, Mulltuch oder im Nussmilchbeutel gespült werden.

Roggenmilch

Roggenmilch eignet sich wegen seines etwas herben Getreidegeschmacks sehr gut zur Verfeinerung von herzhaften Speisen wie Suppen, Saucen und Currys. Roggen enthält Gluten, dadurch ist Roggenmilch auch gut zum Backen geeignet.

Weizenmilch

Milch aus Weizen schmeckt ein klein bisschen nussig. Sie kann wie andere Pflanzenmilch pur getrunken werden, eignet sich aber auch für den Kaffee sowie zum Kochen und Backen. Weizen enthält sehr viel Gluten, bei einer Unverträglichkeit (Zöliakie) ist Milch aus Weizen nicht zu empfehlen, ebenfalls nicht bei einer Allergie gegen Eiweiße im Weizen (Weizenallergie).

Milch aus Nüssen und Steinfrüchten

Nüsse sind gesunde Kraftpakete und wertvolle Nährstofflieferanten. Sie sind sehr kalorienhaltig (außer Esskastanien, siehe unten) und enthalten reichlich ungesättigte Fettsäuren, die den Cholesterinspiegel senken, und zudem noch zahlreiche Mineralstoffe, Ballaststoffe und Vitamine. Im Vergleich zu ganzen Nüssen hat die Milch aus Nüssen durch die Herstellung und Verarbeitung naturgemäß weniger Nährstoffe. Wie beschrieben (siehe S. 39), zählen Mandeln botanisch nicht zu Nüssen, sondern zu den Steinfrüchten. Aufgrund der ähnlichen Verwendung und des ähnlichen Geschmacks wird im Folgenden diese Unterscheidung nicht aufrecht erhalten, d.h. mit Nüssen können auch immer Mandeln gemeint sein.

Alle naturbelassenen Nüsse sind glutenfrei. Allerdings gibt es recht häufig Allergien gegen Nüsse, besonders durch Kreuzreaktion bei Personen, die auf Birkenpollen allergisch reagieren.

Nussmilch schmeckt besser, wenn sie vor dem Verzehr etwa 2 Stunden – im Sommer im Kühlschrank – ruhen kann, um ihr volles Aroma zusammen mit dem der weiteren Zutaten zu entfalten.

Milch aus Nüssen ist eher keine neutrale Allzweckmilch, dafür hat sie einen zu intensiven Geschmack. Sie kann gut pur getrunken werden (besonders erwärmt oder gekühlt), ist aber auch für Speisen zu empfehlen, in denen ein nussiges Aroma erwünscht ist, d.h. für Süßspeisen, heiße Schokolade etc. Nussmilch schmeckt auch im Kuchenteig sehr gut, besonders, wenn die zerkleinerten Nusspartikel nach dem Pürieren nicht durch Filtrieren entfernt werden.

Nährwert von Nüssen je 100 g*

Nüsse und Steinfrüchte	Energie kcal	Fett g	Kohlenhydrate g	Eiweiß g	Ballaststoffe g
Haselnüsse	650	63,3	6,0	16,3	7,7
Walnüsse	654	62,5	10,6	14,4	6,1
Esskastanie	213	2,0	41,1	3,0	8,8
Mandeln	589	53,0	5,7	24,0	11,4

*Nach: www.naehrwertrechner.de. Die Nährwerte von Naturprodukten unterliegen Schwankungen.

Verfeinerung: Mit etwas Zimt schmeckt Nussmilch ganz vorzüglich, ebenfalls mit ein wenig Zitronensaft und Vanille. Nussmilch ist gut zu aromatisieren, nicht nur mit Trockenfrüchten oder Fruchtpulver (S. 75), auch Gewürze wie Kardamom, Kurkuma, Ingwer und Sternanis oder ein wenig fertige Lebkuchenmischung schaffen neue Aromen. Und wer es gern alkoholisch mag, gibt ein bisschen Likör, Weinbrand oder Whisky in die Milch.

Wie andere Pflanzenmilch auch, lässt sich Nussmilch portioniert z.B. in Eiswürfelbehältern oder kleinen Gläschen gut 3 Monate lang einfrieren.

Und wie können die Nussreste (Trester, Pulpe) verwertet werden? Es wäre sehr schade, die gehaltvollen Reststoffe der Nüsse, die nicht in der

Für harte Zutaten ist ein Hochleistungsmixer vorteilhaft.

Milch sein sollen, auf den Kompost zu werfen oder den Hühnern zu geben. Besser ist es, sie im Kühlschrank maximal 3 Tage aufzubewahren und sie innerhalb dieser Zeit in Süßspeisen, im Salat, Müsli, in Suppen, Bratlingen oder vegetarischen Pasten zu verwenden; oder sie so lange einzufrieren, bis sich eine ausreichend große Menge für ein Gericht angesammelt hat (siehe auch S. 124).

Basisrezept I: Milch aus rohen Nüssen

100 - 150 g geschälte Nüsse (je nach gewünschter Sämigkeit mehr oder weniger)
1 l Wasser
1 Prise Salz
Weitere Zutaten optional (siehe S. 74 ff.), z.B. 1 EL Honig, 2 - 6 Datteln

1. Optional: Nüsse der besseren Verträglichkeit wegen (siehe unten) mit reichlich kaltem Wasser 8 Stunden oder über Nacht einweichen.
2. Die Nüsse mit 1 Liter frischem Wasser, der Prise Salz und eventuell weiteren Zutaten im Mixer oder mit dem Pürierstab fein zerkleinern.
3. Soll die Milch dünnflüssig bleiben, durch einen Nussmilchbeutel (S. 71) bzw. durch ein feinmaschiges Sieb in eine Schale filtern, oder auch so belassen, wenn die kleinen, aber gehaltvollen Nusspartikel (Ballaststoffe!) nicht stören.
4. In eine gut verschließbare Flasche füllen. Im Kühlschrank ist die Milch 2 - 3 Tage haltbar.
5. Vor Gebrauch schütteln, um abgesetzte Schwebstoffe wieder mit der Flüssigkeit zu vermischen.

Basisrezept II: Milch aus gerösteten Nüssen

Werden Nüsse vor dem Pürieren geröstet, entsteht ein besonders köstliches Aroma. Durch Rösten gehen allerdings auch gesundheitsfördernde Inhaltsstoffe verloren (die aber bei einer gesunden Ernährung sehr leicht durch andere Speisen ersetzt werden können).

100 - 150 g Nüsse ohne Schale (je nach Sämigkeit etwas mehr oder weniger)
1 l Wasser
1 Prise Salz
Weitere Zutaten optional (siehe S. 74 ff.)

1. Nüsse in einer Pfanne unter Rühren fettfrei rösten oder im Backofen bei ca. 200°C etwa 8 - 10 Minuten.
2. Nüsse mit 1 l Wasser und den anderen Zutaten im Mixer oder mit dem Pürierstab zerkleinern.
3. Soll die Milch dünnflüssig bleiben, durch einen Nussmilchbeutel (S. 71) oder durch ein feinpo-

Nüsse einweichen?

Macht es Sinn, Nüsse vor dem Pürieren einzuweichen? Nüsse enthalten, wie Hülsenfrüchte und Getreide auch, Phytinsäure (Haselnuss 1620 mg/100 g; Mandel 1280 mg/100 g; Walnuss 760 mg/100 g; Marone 47 mg/100 g). Die soll die Aufnahme wichtiger Nährwerte aus den Nüssen für uns Menschen behindern. Durch mehrstündiges Einweichen in Wasser, so heißt es, kann Phytinsäure aus den Nüssen gelöst werden. Abgesehen davon und von der besseren Ausnutzung der Nährwerte sollen die Nüsse durch das Einweichen auch bekömmlicher sein, sagen die einen. Die anderen sagen, dass Nüsse im Vergleich zu Hülsenfrüchten und Getreide eine andere Nährstoffzusammensetzung haben, viel mehr Fett enthalten und es durch Einweichen weder Vorteile in Bezug auf die Optimierung von Nährstoffen gibt, noch nennenswert Phytin abgebaut wird.
Dennoch gibt es Menschen, die für sich herausgefunden haben, dass sie Nüsse/Steinfrüchte besser vertragen, wenn sie Haselnüsse, Walnüsse und Mandeln vor dem Verzehr etwa 8 Stunden in kaltem Wasser einweichen. Vorteilhaft für das Milchen ist, dass die Nüsse durch das Einweichen weicher/saftiger werden und sich einfacher pürieren lassen. Das Bittere des äußeren Häutchens wird gemildert, wenn das Einweichwasser nicht mitbenutzt wird. Nach dem Einweichen sollten die feuchten Nüsse aber zügig zu Milch verarbeitet werden, sonst droht Schimmelgefahr.

riges Sieb in eine Schale filtern, ansonsten so belassen, wenn die kleinen, aber gehaltvollen Nusspartikel (Ballaststoffe!) nicht stören.

4. In eine gut verschließbare Flasche füllen. Im Kühlschrank ist die Milch 2 - 3 Tage haltbar.
5. Vor Gebrauch schütteln, um abgesetzte Schwebstoffe wieder mit der Flüssigkeit zu vermischen.

Basisrezept III: Schnelle Nussmilch aus Nussmus

Aus selbst gemachtem oder gekauftem Nussmus (Walnuss, Haselnuss, Maronen, Mandel) lässt sich sehr schnell Nussmilch herstellen:

- 1 - 2 EL Nussmus
- 0,5 l Wasser,
- 1 - 2 Datteln oder 1 - 1,5 EL Ahornsirup,
- 1 Prise Salz,

Alles im Mixer cremig pürieren und in 2 Gläser füllen.

Milch aus Haselnüssen

Auch wer keinen Nusstrauch im Garten hat, muss Haselnüsse nicht kaufen, oftmals wachsen sie wild an Sträuchern in der Natur. Diese Nüsse sind vielleicht etwas kleiner, aber dennoch ebenso wohlschmeckend. Haselnüsse sind reich an ungesättigten Fettsäuren, enthalten recht viel Eiweiß (siehe S. 91), Eisen, Magnesium, einige Vitamine und gewichtsbezogen fast so viel Kalzium wie Kuhmilch.

Die Schale von Haselnüssen lässt sich leichter knacken, wenn die Nüsse für eine Stunde in das Tiefkühlfach gelegt werden. Sollte die braune, leicht bittere Haut stören: Durch mehrstündiges Einweichen in Wasser oder Überbrühen mit kochendem Wasser und kaltem Abschrecken verlieren die Häute an Bitterkeit und können auch leichter abgelöst werden. Ohne abgelöste Häute hat die Milch eine leicht bräunliche Farbe. Haselnussmilch hat auch ohne zusätzliche Süße von Natur aus ein angenehmes, leicht süßliches Aroma.

Rösten: Wie oben beschrieben, gehen durch das Rösten von Nüssen Vitamine verloren. Allerdings gewinnen Nüsse, besonders Haselnüsse, dadurch auch viel an Aroma. Zum Rösten die Haselnüsse in einer Pfanne fettfrei unter Rühren erhitzen oder einlagig auf einem Backblech bei 200°C etwa 6 - 8 Minuten lang, bis ein Röstgeruch entsteht. Aber nicht zu lange, sonst werden die Nüsse leicht bitter.

Warm oder kalt ein Genuss: Haselnuss-Schoko-Milch.

Haselnuss-Schokomilch (2 Tassen)

- 80 g Haselnüsse (je nach gewünschter Sämigkeit etwas mehr)
- 0,5 l Wasser
- 1 EL Rohkakao
- 0,5 TL Zimt
- 1 Prise Salz
- Süße (siehe S. 75), z.B. 1 TL Ahornsirup

1. Nüsse in einer Pfanne unter Rühren fettfrei rösten oder im Backofen bei ca. 200°C etwa 6 - 8 Minuten.
2. Nüsse mit 0,5 l Wasser und den anderen Zutaten im Mixer oder mit dem Pürierstab zerkleinern.
3. Soll die Milch dünnflüssig bleiben, durch einen Nussmilchbeutel (S. 71) oder durch ein feinmaschiges Sieb in eine Schale filtern.
4. In eine gut verschließbare Flasche füllen. Im Kühlschrank ist die Milch 2 - 3 Tage haltbar.
5. Vor Gebrauch schütteln, um abgesetzte Schwebstoffe wieder mit der Flüssigkeit zu vermischen.

Warme Haselnuss-Gewürzmilch (2 Tassen)

- 0,5 l ungesüßte Haselnussmilch
- Etwas Vanille
- 1 Prise Kardamom
- 8 - 10 Haselnüsse
- 1 TL Honig
- 2 EL Likör (optional)

Milch und Gewürze, also ohne Haselnüsse, Honig und Likör, in einen Topf geben, verrühren und bei geringer Hitze erwärmen. Die Haselnüsse grob hacken und ohne Fett in einer heißen Pfanne anrösten, mit dem Honig vermengen und kurz karamellisieren lassen. Die erwärmte Milch in 2 Tassen füllen, je 1 EL Likör und jeweils die Hälfte der karamellisierten Haselnussstücke dazugeben.

Haselnusscreme

- 0,1 l ungesüßte Haselnussmilch
- 6 - 8 Datteln
- 50 g Haselnusstrester

Alle Zutaten, miteinander püriert, ergeben einen sehr leckeren, nicht zu süßen Brotaufstrich, der sich im Kühlschrank ein paar Tage hält.

Haselnuss-Bananen-Milkshake (2 Portionen)

- 0,25 l ungesüßte Haselnussmilch
- 1 gefrorene Banane
- 4 - 6 gefrorene Haselnussmilch-Eiswürfel
- Süße nach Wahl (S. 75), z.B. 1 EL Dicksaft oder 2 Datteln
- ½ TL Lecithin (optional)
- Etwas Vanilleextrakt
- 1 Prise Salz

Alle Zutaten, miteinander püriert, ergeben einen sommerlich kühlen Hochgenuss!

Milch aus Walnüssen

Walnüsse sind reich an essentiellen ungesättigten Omega-3-Fettsäuren, die Herz-Kreislauf-Erkrankungen vorbeugen können und die Blutfettwerte günstig beeinflussen. Außerdem enthalten sie viele wichtige Mineralstoffe, Vitamine und Spurenelemente. Ein tragender Walnussbaum im Garten kann die ganze Nachbarschaft mit Nüssen versorgen, aus denen ganzjährig feine und gehaltvolle Milch gemacht werden kann! Es ist nicht nötig, die Nüsse dafür jedes Mal zu knacken; sie können, auf Vorrat von ihrer Schale befreit, portionsweise eingefroren werden. Um 100 g geknackte Nüsse zu erhalten, sind etwa 250 g Walnüsse in der Schale nötig. Im Kühlschrank halten sich Nüsse ohne Schale in Schraubgläsern etwa einen Monat. Das braune Häutchen von Walnüssen hat manchmal einen etwas bitteren Geschmack. Wer dies vermeiden möchte, weicht die Nüsse vor dem Milchen über Nacht ein, dadurch wird das Aroma milder und die Nüsse werden weicher. Walnussmilch schmeckt auch ohne zusätzliches Süßungsmittel gut. Wem die Süße nicht reicht, gibt frische oder getrocknete Früchte dazu, Honig oder Sirup etc.

Auch Milch aus Walnüssen gewinnt an Geschmack, wenn die Nüsse vor dem Pürieren kurz in einer Pfanne ohne Fett oder im Backofen angeröstet werden.

Nachfolgend 2 wohlschmeckende Walnussmilch-Rezepte für kalte Wintertage:

Die wie ein Mini-Modell des menschlichen Gehirns geformten Walnusskerne sind nicht nur ein vorzügliches Brainfood, sondern können auch Herz-Kreislauf-Krankheiten vorbeugen.

Warme Zimt-Bananen-Walnussmilch (2 Gläser)

80 - 100 g Walnüsse (je nach gewünschter Sämigkeit etwas mehr oder weniger)
0,5 l Wasser
½ Banane
3 Datteln
½ TL Ceylon Zimt (siehe S. 78)
Prise Salz

1. Die Nüsse über Nacht in kaltem Wasser einweichen (optional).
2. Walnüsse mit 0,5 l Wasser und den anderen Zutaten im Mixer bzw. mit dem Pürierstab fein zerkleinern.
3. Soll die Flüssigkeit dünn bleiben, durch einen Nussmilchbeutel (S. 71) in eine Schale pressen, alternativ mit einem Löffel durch ein feinmaschiges Sieb filtern, ansonsten am besten so belassen, wenn die kleinen, aber gehaltvollen Partikel (Ballaststoffe!) nicht stören.
4. Die Walnussmilch im Topf unter Rühren erwärmen.

Walnussmilch: Immer gut mit etwas Banane und einem Schuss Likör.

Warme Walnussmilch mit Vanille und getrockneten Feigen (2 Gläser)

80 - 100 g Walnüsse (je nach gewünschter Sämigkeit etwas mehr oder weniger)
0,5 l Wasser
3 - 5 getrocknete Feigen
1 TL Salz
Etwas Vanilleextrakt

1. Die Nüsse über Nacht in der doppelten Menge Wasser einweichen (optional).
2. Walnüsse mit 0,5 l Wasser und den anderen Zutaten im Mixer oder mit dem Pürierstab fein zerkleinern.
3. Soll die Milch dünnflüssig bleiben, durch einen Nussmilchbeutel (S. 71) oder durch ein feinmaschiges Sieb in eine Schale pressen, oder auch so belassen, wenn die kleinen, aber gehaltvollen Partikel (Ballaststoffe!) nicht stören.
4. Die Walnussmilch im Topf unter Rühren erwärmen.

Schon für die heilkundige Hildegard von Bingen (1098 - 1179) waren Esskastanien ein universelles Mittel zur Stärkung der Gesundheit.

Milch aus Edelkastanien

Die Edelkastanie (*Castanea sativa*), auch Esskastanie oder in weitergezüchteter Form Marone/Marroni genannt, kam durch die Eroberungszüge der Römer über die Alpen zu uns. Heute gelten Esskastanien fast als Delikatesse und werden in der Winterzeit, am offenen Feuer geröstet, zuweilen an Straßenverkaufsständen angeboten. Das volle Aroma entsteht aber nicht nur durch Rösten, sondern auch durch Kochen der Kastanien. Maronen sind gewöhnlich etwas größer und im Geschmack etwas süßer und aromatischer als die Edelkastanien.

Auch wer keinen Esskastanienbaum im Garten hat, findet in Parks und an Laubwaldrändern ab Ende September Bäume, bei denen die abgefallenen reifen Früchte geerntet werden dürfen. Ihre stachligen gelb-braunen Hüllen (Handschuhe sind hilfreich) enthalten bis zu 3 Kastanien.

Kastanienmilch kann aus rohen, gekochten, getrockneten oder gerösteten Kastanien hergestellt werden sowie aus Kastanienmehl (selbstgemacht, siehe S. 39). Die Milch hat eine leicht süße, nussige Note mit etwas herbem Beigeschmack. Sie schmeckt sowohl pur, eignet sich aber auch für Kakaogetränke und Milkshakes, im Pfannkuchen- und Gebäckteig oder in Saucen.

Edelkastanien wirken basisch, enthalten viel Eiweiß und sind reich an B-Vitaminen, Mineralstoffen (besonders Kalium und Phosphor) und Spurenelementen wie Eisen, Kalzium, Zink, Magnesium. Anders als Walnüsse, Haselnüsse und Mandeln enthalten Edelkastanien wenig Fett (siehe S. 91). Schon Hildegard von Bingen lobte die Kraft und Stärke der Edelkastanie und empfahl ihren Genuss, um die Nerven zu stärken und Weisheit zu erlangen.

Milch aus rohen Kastanien: Die Milch aus rohen Kastanien schmeckt nicht ganz so süßlich wie die aus gekochten oder gerösteten Kastanien, dafür etwas nussiger. Durch ein paar Tage Lagerung verwandelt sich ihr hoher Stärkeanteil in besser verdaulichen Zucker. Vor dem Zubereiten etwa 2 Stunden in Wasser einweichen und die oben schwimmenden Kastanien aussondern, sie könnten von Maden befallen oder schon alt sein. Durch das Einweichen lassen sich ihre Schalen leichter entfernen, wenn auch nicht so leicht wie bei gekochten oder gerösteten Kastanien. Zum Rohverzehr die Esskastanien mit einem gewellten Messer kreuzweise einschneiden und nicht nur die Schale, sondern möglichst auch die dünne, pelzige Haut entfernen. Milch aus rohen Nüssen hat den Vorteil, dass Vitamine, Mineralstoffe und Enzyme bestmöglich erhalten bleiben.

Esskastanien kochen: Esskastanien ca. 2 Stunden in lauwarmem Wasser einweichen. Kastanien, die dann an der Oberfläche schwimmen, nicht verwenden. Das Wasser abschütten und die Kastanienschalen mit einem scharfen Messer (es gibt dafür sogar spezielle Messer, auch Maronenritzer genannt) 1,5 cm lang kreuzweise auf der abgerundeten Seite so tief einschneiden, dass auch die innere pelzige Haut eingeritzt wird. In einem Topf mit leicht gesalzenem, kochendem Wasser (die Kastanien sollten vollständig bedeckt sein) etwa 10 - 20 Minuten lang erhitzen bzw. so lange, bis die Schalen an den eingeritzten Stellen weit aufgeplatzt sind. Die Kastanien kurz mit kaltem Wasser abschrecken, abkühlen lassen und die Schalen samt der Innenhaut (sie schmeckt etwas bitter) entfernen. Wenn sich die pelzige Haut nicht gut ablösen lässt, mit einem Küchentuch abreiben.

Esskastanien rösten: Geröstete Esskastanien ergeben eine besonders wohlschmeckende Milch, da der typische Geschmack der Esskastanien dann gut zur Geltung kommt. Auch vor dem Rösten ist es sinnvoll, die Esskastanien vorher ein bis zwei Stunden einzuweichen, dann lässt sich später die pelzige Innenhaut besser vom Fruchtfleisch entfernen. Nach dem Wässern und Einschneiden der braunen Schale (siehe oben) die Esskastanien mit der aufgeschnittenen Seite nach oben nicht zu dicht auf einem Blech oder Rost im nicht vorgeheizten Backofen bei ca. 200°C Umluft 20 - 30 Minuten bzw. so lange rösten, bis die Schale aufplatzt. Dann lassen sich die Schalen recht leicht entfernen. Ein Schälchen mit Wasser im Backofen hilft, dass die harte Schale durch den Dampf etwas weicher wird und sich die Kastanien samt Innenhaut leichter schälen lassen. Das geht am besten, solange sie noch sehr warm sind. Alternativ können die kreuzweise eingekerbten Esskastanien auch in einer schweren Pfanne mit Deckel geröstet werden. Dazu die Pfanne ohne Öl erhitzen, die Esskastanien hineingeben und bei niedriger Temperatur so lange rösten, bis sich ihre Schalen öffnen. Damit die Esskastanien nicht anbrennen, die Pfanne ab und zu schwenken.

Esskastanien dörren: Im Süden können geschälte Esskastanien im Freien oder Gewächshaus an sonnigen Tagen auf Rosten getrocknet bzw. gedörrt werden, in unseren Breiten besser im Dörrgerät oder im Backofen bei niedrigen Temperaturen. Dann sind sie bis April/Mai haltbar. Die äußeren harten Schalen mit einem Messer entfernen und die Nüsse in sehr heißes, aber nicht kochendes Wasser legen. Nach kurzer Zeit kann die braune pelzige Innenhaut leicht entfernt werden. Nach dem Dörren die Esskastanien in Papiertüten oder Stoffsäckchen (in Gläsern schimmeln sie leicht) aufbewahren. Durch das Lagern werden sie immer härter, deshalb empfiehlt es sich, sie vor dem Pürieren über Nacht einzuweichen. Mit dem Einweichwasser verwenden. Sie behalten ihren vollen Geschmack.

Basisrezept I: Milch aus rohen, gerösteten oder gekochten Esskastanien

100 - 150 g geschälte Esskastanien (je nach gewünschter Sämigkeit mehr oder weniger)
1 l Wasser
1 Prise Salz
optional Süßungsmittel nach Wahl (S. 74 ff.)

1. Rohe, gekochte oder geröstete Esskastanien mit den Zutaten pürieren. Danach eventuell noch durch einen Nussmilchbeutel (S. 71) in eine Schale filtern oder mit einem Löffel durch ein feinmaschiges Sieb, ansonsten so belassen, wenn die kleinen, aber gehaltvollen Partikel (Ballaststoffe!) nicht stören.

Milch aus Esskastanien.

2. In eine gut verschließbare Flasche füllen. Im Kühlschrank ist die Milch 2 - 3 Tage haltbar.
3. Vor Gebrauch schütteln, um die abgesetzten Schwebstoffe zu lösen und wieder mit der Flüssigkeit zu vermischen.

Basisrezept II: Milch aus Esskastanienmehl

30 - 40 g bzw. 3 - 4 EL Esskastanienmehl (je nach gewünschter Sämigkeit mehr oder weniger)
1 l Wasser
1 Prise Salz
Süßungsmittel optional (S. 74 ff.), z.B. 1 EL Honig

1. Alle Zutaten im Mixer gut vermischen.
2. In eine Glasflasche einfüllen und am besten vor dem Trinken 2 Stunden kühlen lassen. Vor dem Servieren die Flasche schütteln, um abgesetzte Partikel wieder zu vermischen.
3. Im Kühlschrank ist die Milch 2 - 3 Tage haltbar.

Die Milch schmeckt pur mit etwas Süßungsmitteln, z.B. Honig oder Datteln, ausgezeichnet, als Gewürze passen Zimt (siehe S. 78), Vanille oder Piment, Ingwer, Kardamom oder auch eine Prise Muskatnuss.

Für 2 Tassen warme, cremige, aber nicht allzu dickflüssige Milch 20 g Esskastanienmehl in 0,25 l heißem Wasser und 0,25 l Nuss- oder Hafermilch auflösen und etwas Salz und 1 EL Honig zufügen. Alles gut vermischen.

Milch aus Kastanienmehl als Energie-Booster

Arnold Wiegand, ein Ironman-Sportler, der vegane Rohkost zu sich nimmt, schreibt in seinem Buch „Roh – Vegan + Sport“, dass er zwischen den Wettkämpfen alle 30 Min. einen Becher mit in Wasser aufgelöstem Kastanienmehl, Salz und Magnesium trank.
Aus: https://www.natur-gaben.de/edelkastanien-fuer-eine-bewusste-ernaehrung/erfahrungen-mit-edelkastanienprodukten/

Kastanienmilch + Extra-Vitamine (2 Gläser)

40 g bzw. 4 EL Esskastanienmehl
0,2 l Wasser
Saft von 2 frisch gepressten süßen Orangen

Das Kastanienmehl mit dem Wasser und dem Orangensaft glatt verrühren. Statt der Orangen kann auch ein Apfel mit 0,15 l Wasser püriert zugegeben werden.

Gehaltvolle Milch aus Kastanienmehl (1 Glas)

20 g entsprechend 2 EL Esskastanienmehl
0,25 l Wasser
1 EL Mandel-, Walnuss- oder Haselnussmus
1 EL Leinöl oder anderes Öl (optional)
1 Prise Salz

Alle Zutaten zu einer cremigen Milch pürieren. Ein zusätzliches Süßungsmittel ist nur für Schleckermäuler nötig.

Milch aus Mandeln

Mandelbäume werden seit etwa 4000 Jahren im Mittelmeerraum kultiviert. Dort war schon im Mittelalter Mandelmilch ein beliebtes Getränk in der Fastenzeit. Auch heute ist in Spanien die „Horchata de Almendras", ein erfrischendes Milchgetränk aus Mandeln, in den Sommermonaten beliebt.

Mandelmilch hat keinen starken Eigengeschmack, vielleicht ein leicht nussiges Aroma und ist pur sehr angenehm zu trinken und fein im Müsli. Mandeln sind reich an für die Gesundheit vorteilhaften ungesättigten Fettsäuren, sie enthalten viel Eiweiß, Vitamin E und wertvolle Mineralstoffe. Menschen, die auf Wal- und Haselnüsse allergisch reagieren, können dies allerdings auch auf Mandeln sein.

Geschälte, aber nicht enthäutete Mandeln geben der Milch eine bräunliche Farbe und lassen sie intensiver, aber auch leicht bitter schmecken. Wen die essbare braune Haut stört, kann

Für Mandelmilch sind nur wenige Zutaten nötig, um gut zu schmecken …

… höchstens, wenn noch ein paar Extra-Vitamine dazukommen sollen.

die Mandeln mit kochendem Wasser überbrühen. Etwa 5 Minuten ziehen lassen, das Wasser abschütten und die Mandeln mit kaltem Wasser abschrecken. Danach lassen sich die braunen Häutchen leicht entfernen, indem die Mandeln zwischen den Fingern, den Händen oder in einem Geschirrtuch gerieben werden. Blanchierte Mandeln ohne braune Häutchen schmecken in der Milch neutraler.

Mandelmilch kann mit Gewürzen wie Vanille, Salz, Zimt, Kardamom, Ingwer und Süßungsmitteln wie Trockenfrüchten, Honig, Sirup oder süßem Frischobst etc. verfeinert werden. Die Zugabe von Öl sowie ein größerer Anteil von Mandeln und weniger Wasser lässt die Milch zur Sahne werden, z.B. um Saucen zu binden.

Mandelmilch mit feinem Marzipan-Aroma (2 Gläser)

- 80 bis 125 g Mandeln (je nach gewünschter Sämigkeit auch mehr)
- 0,5 l Wasser
- 2 Datteln
- Etwas Vanille
- 1 Prise Salz

Alle Zutaten sehr fein cremig pürieren. Wen die kleinen Partikel in der Milch stören, zusätzlich durch einen Nussmilchbeutel filtern und den Trester verwenden (S. 124/125).

Mandelmilch mit Extra-Vitaminen (2 Gläser)

- 50 bis 75 g Mandeln
- 0,5 l Wasser
- ca. 100 g Frischobst nach Wahl (Birne, Apfel, Pfirsich)
- etwas Bio-Zitronenschalenabrieb
- 1 Prise Zimt
- Süßungsmittel (optional)

Das Frischobst in Stücke schneiden und mit den Mandeln, dem Wasser, dem Zitronenschalenabrieb und der Prise Zimt im Mixer oder mit dem Pürierstab cremig mixen. Am besten stückig genießen.

Milch aus Ölsaaten

Auch Ölsaaten eignen sich für die Milchherstellung. Ob und wie lange es nötig ist, Hanfsamen, Sonnenblumenkerne, Kürbis, Sesam usw. vor dem Pürieren einzuweichen, darüber gehen die Meinungen auseinander. Das Einweichen soll helfen, Phytinsäure abzubauen, die in den Samen zur Abwehr gegen Fraßfeinde enthalten ist und bei Menschen, die auf die Säure empfindlich reagieren, Blähungen und andere Verdauungsbeschwerden verursacht.

Als Ergebnis einer amerikanischen Studie gibt es die Auffassung, dass geringe Mengen Phytinsäuren sogar gesundheitsförderlich sind und insbesondere ausgleichend auf den Blutzuckerspiegel wirken. Sicher ist, dass durch vorheriges Einweichen die harten Samen etwas weicher werden und sich einfacher pürieren lassen. Außerdem wird die Milch ein wenig sämiger.

Milch aus Nutzhanf

Von der berauschenden Droge zum legalen Geheimtipp unter Pflanzenmilchliebhabern! Inzwischen wird Samen aus Nutzhanf, d.h. Hanf ohne THC (TetraHydroCannabinol), der also keine berauschende Wirkung hat, auch in Deutschland als sogenanntes Superfood geschätzt. Hanf darf erst seit 1996 wieder in Deutschland unter strengen Auflagen angebaut werden, und es wird wohl leider noch ein bisschen dauern, bis wir ihn selbst im Garten anpflanzen dürfen. Im Handel sind Hanfsamen ungeschält, geschält oder als Mehl in Bioqualität erhältlich – natürlich THC-frei.

Der Geschmack von Hanfmilch ist mild, fast neutral, manche Menschen mit sehr feinen Geschmacksknospen bezeichnen das Aroma auch als leicht erdig, getreidig und etwas nussig. Der Zusatz von etwas Süße schadet nicht. Die Konsistenz von Hanfmilch ist leicht cremig, wobei sich Partikel schnell am Boden absetzen und sich nicht leicht wieder auflösen lassen. Da es grüne Hanfsamen gibt, kann Hanfmilch auch eine zartgrüne Farbe haben.

Hanfmilch eignet sich außer zum Purtrinken auch im Müsli, zum Kochen und zum Backen. Im Kaffee gerinnt sie nicht und setzt sich auch nicht ab, schäumt aber leider wenig. Um mehr Schaum zu erhalten, hilft die Zugabe von etwas neutral schmeckendem Öl und Lecithin.

Nährwert von Ölsaaten je 100 g*

Ölsaaten	Energie kcal	Fett g	Kohlenhydrate g	Eiweiß g	Ballaststoffe g
Hanfsamen	464	32,7	2,0	25,6	29,7
Kürbiskerne	565	46,3	2,7	35,5	8,7
Leinsamen	534	42,0	29,0	18,0	27,0
Sesam	572	50,4	10,2	20,9	11,2
Sonnenblumenkerne	480	26,3	34,7	26,1	5,8

*Nach: www.naehrwertrechner.de. Die Nährwerte von Naturprodukten unterliegen Schwankungen.

Die Samen dieser uralten Kulturpflanze sind reich an Vitaminen, Mineralstoffen, sie enthalten alle für den Körper essentiellen Aminosäuren und haben einen hohen Gehalt an Omega-3-Fettsäuren. Wird Hanfmilch aus geschälten Samen hergestellt, fehlen die verdauungsfördernden Ballaststoffe. Da Hanfsamen etwa 30% Fett enthalten, sättigt die Milch über einen längeren Zeitraum. Milch aus geschälten Hanfsamen hat den Vorteil, dass sie nicht gefiltert werden muss, die Milch milder und neutraler schmeckt und eine hellere Farbe hat. Ungeschälte Bio-Hanfsamen können zur Erhöhung der Nährstoffe vor dem Pürieren auch gekeimt werden (siehe S. 72), das gibt der Milch ein etwas nussigeres Aroma. Noch nussiger schmeckt die Milch, wenn die ungeschälten Samen – die Schalen sind essbar – vorher in einer Pfanne fettfrei geröstet wurden. Roh verarbeitet bleiben die Nährstoffe natürlich am besten erhalten.

Milch aus Hanfsamen mit Walnüssen und Rosinen.

Hanf ist frei von Gluten und damit eine gute eiweißhaltige Alternative für Menschen mit Lebensmittelunverträglichkeiten.

Basisrezept

100 g Bio-Hanfsamen, am besten ungeschält (je nach Sämigkeit mehr oder weniger)
1 l Wasser
1 Prise Salz

1. Optional: Hanfsamen der besseren Verträglichkeit wegen (siehe oben) mit reichlich kaltem Wasser 6 Stunden oder über Nacht einweichen.
2. Optional: nach dem Einweichen 72 Stunden keimen lassen.
3. Hanfsamen, Wasser und die Prise Salz im Mixer pürieren, bis eine cremige Flüssigkeit entsteht.
4. Auch ungeschälte Samen müssen nach dem Pürieren nicht gefiltert werden, wenn kleinere Hanfpartikel (Ballaststoffe!) in der Milch nicht stören. Alternativ die Milch durch einen Nussmilchbeutel (S. 71) oder ein feinmaschiges Sieb in eine Schale filtern. Bei ungefilterter Milch können ggf. weitere Zutaten im selben Mixvorgang mitpüriert werden, ansonsten am besten erst danach zugeben und, wenn nötig, alles nochmal kurz mixen.
5. In eine gut verschließbare Flasche füllen. Im Kühlschrank aufbewahren (haltbar etwa 2 - 3 Tage). Überlagerte Milch ist leicht am säuerlichen Geschmack zu erkennen. Vor Gebrauch schütteln, um die abgesetzten Schwebstoffe wieder mit der Flüssigkeit zu vermischen. Um die Milch länger aufzubewahren, in Eiswürfelformen oder Gläschen gießen und einfrieren (bis zu 3 Monate haltbar). *Vorsicht*: Die Behälter oder Gläschen nicht bis oben füllen, Flüssigkeiten dehnen sich beim Gefrieren aus.

Weitere Zutaten und Variationen:
Süßungsmittel wie Datteln, getrocknete Feigen, Rosinen, getrocknete Aprikosen, frische Früchte wie Bananen oder Beeren, Honig, Sirup, Stevia bei (frucht-)zuckerfreiem Süßen (S. 75).

Gewürze: Vanille und Zimt, Kurkuma, Kardamom, Frische Minzblätter, Zitronenschalenabrieb, Kakao oder Carob-Pulver (Johannisbrotmehl).

Hanfmilch für Sportive (2 Tassen)

50 g ungeschälte Hanfsamen
0,5 l Wasser
½ EL veganes Eiweißpulver, geschmacksneutral
4 Datteln
etwas Kurkuma, frisch oder gemahlen
½ TL Zimt
etwas Vanilleextrakt
1 Prise Salz

Alle Zutaten im Mixer pürieren. Wen die Partikel stören, zusätzlich durch einen Nussmilchbeutel filtern. Kurkuma schmeckt feinwürzig und leicht bitter. Vorsichtig dosieren. Inzwischen ist sie als rohe Wurzel auch hier erhältlich. Sie kann wie Ingwer gerieben werden. Stammt die Kurkumawurzel aus biologischem Anbau, braucht die Schale nicht entfernt werden, sie enthält keine schädlichen Stoffe.

Pflanzenmilch aus Kürbis

Die grünen Kerne des Ölkürbis (Seite 48) haben einen hohen Nährstoffgehalt. Sie sind reich an Mineralstoffen, essentiellen Aminosäuren, Spurenelementen, Vitaminen, Ballaststoffen, Antioxidantien und gesunden Fetten. Die Kerne enthalten schlaffördernde Stoffe, sollen cholesterin- und blutdrucksenkend sein und bei Blasenproblemen helfen.

Kürbismilch ist frei von Gluten und damit eine eiweißhaltige Alternative für Menschen mit Lebensmittelunverträglichkeiten. Sie eignet sich gut für Müsli, aber auch im Kaffee (dann vorher filtern). Kürbiskernmilch aus grünen Kernen ist durch ihre pistaziengrüne Färbung interessant, hat ein weiches, nussiges Aroma und eine feine Süße. Werden die Samen vor der Verarbeitung eingeweicht, wird die Milch etwas cremiger. Durch die Zugabe von Datteln und Gewürzen wie Zimt und Vanille bekommt sie einen süßlich-würzigen Geschmack. (Seite 74 ff.).

Nicht nur die schalenlosen Kerne von Ölkürbissen, auch die Kerne anderer Kürbisarten sind essbar. Allerdings sind diese von härteren Schalen umgeben, die nicht besonders gut schmecken. Wie die Schalen von Sonnenblumenkernen können sie mit den Zähnen geknackt werden. Wer ungern essbare Pflanzenteile auf den Kompost gibt, kann auch mal das nicht feste Fruchtfleisch samt Kerne anderer Kürbis-Sorten, z.B.

Hokkaido, für rohe Kürbismilch pürieren. Eine genaue Anleitung ist unter www.issroh.de/kuerbiskernsaft zu finden.

Basisrezept

150 - 200 g grüne Kürbiskerne (je nach gewünschter Sämigkeit mehr oder weniger)
1 l Wasser
1 Prise Salz
Weitere Zutaten optional, siehe S. 74 ff.

1. Optional: Kürbiskerne der besseren Verträglichkeit wegen mit der doppelten Menge Wasser in einer Schale 8 Stunden oder über Nacht einweichen.
2. Optional: Die Kerne nach dem Einweichen 72 Stunden keimen lassen.
3. Kürbiskerne, Wasser und die Prise Salz im Mixer pürieren, bis eine cremige Flüssigkeit entsteht. Sie muss nach dem Pürieren nicht gefiltert werden, wenn kleinere Kürbispartikel (Ballaststoffe!) in der Milch nicht stören.
4. Wer die Milch ganz feinflüssig haben möchte: Durch einen Nussmilchbeutel (S. 71) oder ein feinmaschiges Sieb in eine Schale filtern. Bei gefilterter Milch weitere Zutaten am besten erst nach dem Filtern zugeben und, wenn nötig, alles nochmal kurz mischen/mixen.
5. Die Milch in eine gut verschließbare Flasche füllen. Im Kühlschrank aufbewahren (haltbar ca. 2 - 3 Tage) und vor Gebrauch schütteln, um die abgesetzten Schwebstoffe wieder mit der Flüssigkeit zu vermischen. Alternativ die Milch in Eiswürfelformen gießen und einfrieren.

Weitere Zutaten:

Süßungsmittel wie Datteln oder Honig, Gewürze wie Zimt, Vanille, Kardamom (Gelbwurzpulver), Ingwer, Muskat.

Ganz ausgezeichnet ist auch die Zugabe von 1 EL Kürbiskernöl; das hochwertige Öl verstärkt das feine Kürbiskernaroma. Etwas Matcha-Pulver (japanisches Teepulver) färbt die Milch noch intensiver grün.

Heiße Guten-Morgen-Kürbismilch (2 Tassen)

100 g Kürbiskerne
0,5 l Wasser
1 bis 2 TL Matcha-Pulver
1 Prise Salz
2 Datteln oder 1 EL Honig
½ TL Vanilleextrakt

1. Kürbiskerne, Wasser und die Prise Salz im Mixer pürieren, bis eine cremige Flüssigkeit entsteht.
2. Die Kürbismilch durch einen Nussmilchbeutel (S. 71) oder ein feinmaschiges Sieb in eine Schale filtern.
3. Mit den anderen Zutaten, außer dem Matcha-Pulver, nochmals vermischen.
4. Die Kürbiskernmilch erwärmen. Durch ein feines kleines Sieb das Matcha-Pulver mit einem kleinen Löffel vorsichtig in die Milch passieren, damit das Pulver nicht klumpt. Dann die Milch schaumig rühren und genießen.

Matcha ist ein Grüntee, dessen Blätter zu feinem Pulver gemahlen sind. Diese Milch ist ein Wachmacher! Durch das Matcha-Pulver wird der Milchgeschmack etwas herber und erdiger. Anders als bei Kaffee tritt der belebende Effekt etwas später, dafür nachhaltiger ein. Die Kürbiskernmilch wird durch das Matcha-Pulver schön grün.

Leinsamenmilch

Leinsamen enthalten viele gesunde ungesättigte Fettsäuren, die den Körper nicht mit Cholesterin belasten, sowie Kalzium, Magnesium und Eisen, Vitamine und verdauungsfördernde Ballaststoffe. Anders als ganze Leinsamen, die weitgehend unverdaut bleiben, können die Nährstoffe in geschroteten Leinsamen im Körper gut verwertet werden, außerdem wird die Quellfähigkeit verbessert. Noch besser werden *gekeimte* Leinsamen verwertet, weil ihre keimschützende Schicht während des Keimprozesses (S. 72) aufgebrochen wird. Saaten wie Leinsamen, Sesam und Sonnenblumenkerne sind empfindlich und bekommen schnell eine gelartige Struktur, weshalb öfter mit frischem Wasser gespült werden sollte, um so viel wie möglich vom Gel zu entfernen.

Leinsamenmilch hat ohne die Zugabe von Süßungsmittel einen etwas nussigen, leicht bitteren Eigengeschmack, wobei goldene milder sind als braune Leinsamen. Die Milch wird schnell sämig und setzt Partikel ab. Leinsamenmilch kann im Müsli, aber auch gut im Kaffee oder zum Kochen von Pudding verwendet werden. Hat die Milch eine stärkere Bitternote, waren die Leinsamen überlagert.

Leinsamen sind frei von Gluten und damit eine gute eiweißhaltige Alternative für Menschen mit Lebensmittelunverträglichkeiten.

Basisrezept

60 - 80 g geschrotete oder gekeimte Leinsamen (je nach Sämigkeit mehr oder weniger)

1 l Wasser

1 Prise Salz

1 - 2 TL Vanilleextrakt

Süßungsmittel (optional, siehe S. 75)

1. Leinsamen brauchen nicht eingeweicht zu werden. Optional: 72 Stunden keimen.
2. Leinsamen und Wasser mit dem Pürierstab oder im Mixer fein zerkleinern, bis eine cremige Flüssigkeit entsteht.
3. Wer die Milch ganz feinflüssig haben möchte: Durch einen Nussmilchbeutel (S. 71) oder ein feinmaschiges Sieb in eine Schale filtern. Wird die Milch ungefiltert verwendet, können alle Zutaten im selben Mixvorgang mitpüriert werden. Bei gefilterter Milch die weiteren Zutaten erst nach dem Filtern zugeben und, wenn nötig, alles nochmal kurz mixen.
4. Die Milch in eine gut verschließbare Flasche füllen. Im Kühlschrank aufbewahren (haltbar etwa 2 - 3 Tage) und vor Gebrauch schütteln, um die abgesetzten Schwebstoffe wieder mit der Flüssigkeit zu vermischen.
5. Alternativ die Milch in Eiswürfelformen gießen und einfrieren.

Anders als andere Milch wird Leinsamenmilch durch ihre gelbildende Eigenschaft schnell sehr dickflüssig.

Tipp: Lässt sich die Leinsamenmilch durch ihre gelartige Struktur nur schwer filtern, hilft es, die

Blausäure in Leinsamen

Da Leinsamenschalen geringe Mengen an Blausäure enthalten, empfiehlt das Bundesministerium für Ernährung, nicht mehr als 3 x 15 g Leinsamen pro Person und Tag zu verzehren, also 45 g und während der Schwangerschaft und Stillzeit nur 1 EL bzw. 15 g am Tag.

Milch 10 Minuten lang stehen zu lassen; dann trennen sich Samenschalenteile und Fasern und das Gel kann mit einem Löffel abgeschöpft werden. Sollte dies nicht ausreichen, die Milch ca. 10 Minuten tiefkühlen. Die Leinsamenmasse wird dann noch fester, und die obere Gelschicht kann gut entfernt werden. Zu dickflüssig gewordene Milch kann mit Wasser verdünnt werden.

Cremige Schoko-Leinsamenmilch de luxe (2 Tassen)

30 g Leinsamen, geschrotet
0,5 l Wasser
1 - 2 EL Honig oder Agavensirup
1 EL Kakaopulver
1 Prise Salz
1 El Zartbitterschokoladenraspel
1 EL Haselnüsse, gehackt

1. Die Leinsamen mit dem Wasser im Mixer oder mit dem Pürierstab fein zerkleinern.
2. Die Flüssigkeit durch einen Nussmilchbeutel (S. 71) oder ein feinmaschiges Sieb in eine Schale filtern, um so viel wie möglich vom Leinsamengel zu entfernen (siehe oben).
3. Die Flüssigkeit in ein Gefäß schütten und Süßungsmittel, Kakaopulver und Salz einrühren.
4. Vor dem Servieren am besten 2 Stunden im Kühlschrank ruhen lassen, damit sich die Zutaten optimal verbinden.
5. Mit Schokoladenraspeln und den gehackten Haselnüssen garnieren.

Die Milch ist sehr cremig durch die gelartige Konsistenz der Leinsamen. Eventuell den Wasseranteil erhöhen.

Varianten: Statt Kakao kann auch Vanille zugegeben werden oder für Leinsamen-Beerenmilch frische Erd- oder Blaubeeren.

Pflanzenmilch aus Sesam

Sesamsamen haben einen hohen Fettanteil (siehe S. 101) und enthalten viele ungesättigte Fettsäuren, die gute Auswirkungen auf den Cholesterinspiegel und den Stoffwechsel haben. Außerdem ist Sesam sehr selenreich und kalziumhaltig.

Sesamsamen haben einen leicht nussigen Geschmack. Es gibt sie in mehreren Farben, alle sind für Milch geeignet. Schwarzer Samen ist die Urform; es heißt, sein Nährstoffgehalt sei höher als der von hellen Samen, sein Geschmack ist ein wenig intensiver. Milch aus schwarzen Sesamsamen hat allerdings eine etwas graue Farbe, was nicht jede(r) mag.

Sesam ist frei von Gluten, Allergien gegen Sesam sind selten, aber möglich. Deshalb sind gekaufte Lebensmittel selbst mit sehr geringen Anteilen an Sesam deklarationspflichtig (.... „kann Spuren von Sesam enthalten").

Basisrezept

125 g ungeschälter Sesam (je nach gewünschter Sämigkeit mehr oder weniger)
1 l Wasser
1 Prise Salz
Süßungsmittel nach Wahl, z.B. 4 - 5 Datteln

1. Optional: Sesam der besseren Verträglichkeit wegen mit reichlich kaltem Wasser 4 Stunden einweichen.
2. Optional: nach dem Einweichen 48 Stunden keimen lassen.
3. Sesam und Wasser im Mixer auf hoher Stufe fein pürieren.
4. Soll die Milch eine feine Konsistenz haben, die Flüssigkeit durch einen Nussmilchbeutel (S. 71) oder ein feinmaschiges Sieb in eine Schale filtern oder auch so belassen (nahrhafte Ballaststoffe!). Wird die Milch ungefiltert verwendet, weitere Zutaten im selben Mixvorgang mitpürieren, ansonsten am besten erst nach dem Filtern zugeben und, wenn nötig, alles nochmal kurz mixen.

5. Die Milch in eine gut verschließbare Flasche füllen. Im Kühlschrank aufbewahren (haltbar etwa 2 - 3 Tage) und vor Gebrauch schütteln, um die abgesetzten Schwebstoffe wieder mit der Flüssigkeit zu vermischen.
6. Alternativ die Milch in Eiswürfelformen gießen und einfrieren.

Tipp: Der Trester von gefilterter Sesammilch, in einer Pfanne mit Zucker karamellisiert, ist fein als Topping auf der Milch oder dem Müsli.

Sesam-Gewürzmilch (2 - 3 Tassen/Gläser)

75 g ungeschälter Sesam
0,5 l Wasser
2 - 3 getrocknete Datteln
2 - 3 getrocknete Feigen
1 - 2 EL Rapsöl
1 Stück Kurkuma (3 cm groß, geraspelt)
1 Stück Ingwer (2 cm groß, geraspelt)
je 1 Prise Zimt, Salz und schwarzer Pfeffer
eventuell etwas Chili

1. Sesam ohne Fett in einer heißen Pfanne für 1-3 Minuten rösten und dabei rühren, damit er nicht anbrennt.
2. Die gerösteten Sesamsamen etwas abkühlen lassen und mit dem Wasser und allen weiteren Zutaten im Mixer fein pürieren.
3. Für eine sehr feine Konsistenz, die Flüssigkeit durch einen Nussmilchbeutel (S. 71) oder ein feinmaschiges Sieb in eine Schale filtern. Besser aber, um alle Nährstoffe zu erhalten, die Milch so belassen.
4. Die goldgelbe Milch entweder kalt genießen oder im Topf kurz aufkochen lassen und auf kleiner Stufe 2 - 3 Minuten köcheln.

Schnelle Sesammilch (2 Tassen)

Zwei knappe EL Sesammus in 0,5 l warmem Wasser auflösen, nach Geschmack süßen (Honig, Agavensirup etc.) und alles gut miteinander verrühren.

Milch aus Sonnenblumenkernen

Bisher gibt es noch keine Sonnenblumenkernmilch im Handel. Sie kann aber ebenso leicht selbst gemacht werden wie andere Pflanzenmilch. Sonnenblumenkerne sind gesund: sie enthalten pro 100 g geschälte Kerne fast 35 g Eiweiß, haben einen hohen Gehalt an ungesättigten Fettstoffen, Vitaminen, wie z.B. Vitamin E und Mineralstoffe wie Magnesium und Eisen. Sonnenblumenkernmilch ist frei von Gluten und damit eine gute eiweißhaltige Alternative für Menschen mit Lebensmittelunverträglichkeiten.

Milch aus Sonnenblumenkernen hat keinen starken Eigengeschmack, sie schmeckt mild nussig und leicht cremig. Zum Aufschäumen ist sie allerdings nicht gut geeignet. Außerdem setzen sich sehr schnell Partikel ab.

Milch aus Sesamsamen.

Basisrezept

100 g geschälte Sonnenblumenkerne (je nach gewünschter Sämigkeit auch mehr)
1 l Wasser
Weitere Zutaten siehe S. 74 ff.
1 Prise Salz

1. Optional: Sonnenblumenkerne der besseren Verträglichkeit wegen mit reichlich kaltem Wasser in einer Schale 8 Stunden oder über Nacht einweichen. Das Einweichwasser abschütten.

2. Die Kerne mit 1 Liter frischem Wasser und der Prise Salz im Mixer oder mit dem Pürierstab fein zerkleinern.
3. Wer die Milch sehr feinflüssig haben möchte, durch einen Nussmilchbeutel (S. 71) oder ein feinmaschiges Sieb in eine Schale filtern. Ansonsten die Milch für einen vollmundigeren Geschmack so belassen, wenn die kleinen, aber gehaltvollen Partikel (Ballaststoffe!) nicht stören.
4. Bei ungefilterter Milch können alle weiteren Zutaten im selben Mixvorgang mitpüriert werden, ansonsten erst nach dem Filtern zugeben und, wenn nötig, alles nochmal kurz mixen.
5. Im Kühlschrank ist die Milch 2 - 3 Tage haltbar. Vor Gebrauch schütteln, um die abgesetzten Schwebstoffe wieder mit der Flüssigkeit zu vermischen. Überlagerte Milch ist leicht am säuerlichen Geschmack zu erkennen.
6. Die Milch kann auch portioniert eingefroren werden. Haltbarkeit etwa 3 Monate.

Varianten: Milch aus 50% Sonnenblumenkernen und 50% Leinsamen zubereiten oder aus Sonnenblumenkernen (50 g) und Kürbiskernen (50 g) mit 2 Datteln und ein paar Basilikumblättern. Die Sonnenblumenkernmilch schmeckt auch pur sehr lecker.

Sonnenblumenkerne können gut anderer, weniger fetthaltiger Pflanzenmilch zugegeben werden, sie wird dadurch cremiger.

Vanille, Zimt, Kakaopulver, Kurkuma und Matcha passen gut in Sonnenblumenkernmilch. Auch fein: Milkshake aus Sonnenblumenkernen und gefrorenen Erdbeeren, Himbeeren und/oder Blaubeeren.

Milch aus Sonnenblumenkernen.

Pflanzenmilch aus Hülsenfrüchten

Im asiatischen Raum hat die Herstellung von Pflanzenmilch aus Hülsenfrüchten, vor allem aus Sojabohnen, eine sehr lange Tradition. Auch aus Mungbohnen, schwarzen Bohnen und Adzukibohnen wird Milch hergestellt. Die beiden letzteren sind von Natur aus etwas süß, so dass sie auch für Süßspeisen gut verwendet werden können. Hülsenfrüchte sind hochwertige pflanzliche Eiweißquellen und dienen in vielen Ländern als Fleischersatz. So werden Sojabohnen, die mehr Eiweiß als Hühnerfleisch enthalten, in Asien auch als „Fleisch des Feldes" oder „Königin der Bohnen" bezeichnet. Die bei uns angebauten Süßlupinen, auch „Sojabohnen des Nordens" genannt, stehen im Eiweißgehalt nicht nach (siehe unten) und sind ebenfalls sehr gut für Pflanzenmilch geeignet.

Auch Hülsenfrüchte schützen ihre Samen vor Schädlingen und Fressfeinden mit sekundären Pflanzenstoffen, sie enthalten u.a. neben dem Bitterstoff Saponin auch Phasin in unterschiedlichen Anteilen. Phasin ist ein für uns Menschen (Fressfeinde!) unverdauliches Gift, das die roten Blutkörperchen miteinander verklebt. Durch Einweichen der Hülsenfrüchte in kaltem Wasser werden nicht nur Bitterstoffe entzogen, auch das Phasin wird chemisch verändert und teilweise abgebaut. Außerdem verringert sich durch das Einweichen die anschließend notwenige Kochzeit auf etwa 20 Minuten, was neben Zeit auch wertvolle Energie einspart. Durch das Kochen wird das restliche Phasin abgebaut. Das Einweichwasser sollte immer entfernt werden.

Auch durch mehrtägiges Keimen (S. 72) werden die für Menschen gesundheitsschädlichen Substanzen abgebaut und zudem die Nährstoffe der Samen um ein Vielfaches erhöht. Die Giftstoffe in den Hülsenfrüchten lassen sich allerdings auch durch Keimen nicht ganz eliminieren. Nicht alle Bohnensorten enthalten einen hohen Anteil an Phasin, und es gibt überdies durchaus unterschiedliche Empfindlichkeiten gegenüber seiner Wirkung. So kann der Verzehr kleinerer Mengen Milch aus nur gekeimten Hülsenfrüchten folgenlos bleiben. Wie immer macht

Nährwert einiger getrockneter Hülsenfrüchte (ungekocht) je 100 g*

Hülsenfrüchte	Energie kcal	Fett g	Kohlenhydrate g	Eiweiß g	Ballaststoffe g
Dicke Bohnen	326	2,0	47,6	28,1	12,0
Schwarze Bohnen	264	1,7	45,0	14,6	25,8
Erbsen	287	1,7	42,4	23,7	18,1
Kichererbsen	310	6,0	44,0	19,0	16,0
Süßlupinen	340	8,1	11,5	38,4	29,5
Sojabohnen	416	17,4	29,2	35,1	12,0
Adzukibohnen	300	1,9	40,6	20,9	18,6

*Nach: www.naehrwertrechner.de. Die Nährwerte von Naturprodukten unterliegen Schwankungen.

die Dosis das Gift! Um den Restgehalt an Phasin unschädlich zu machen und die Verträglichkeit zu fördern, ist dennoch zu empfehlen, auch gekeimte Hülsenfrüchte kurz zu blanchieren, d.h. in mindestens der doppelten Menge kochendem Wassers für etwa 2 Minuten lang zu erhitzen und das Kochwasser abzuschütten. Meist wird der Geschmack durch das Blanchieren nicht nur milder und weniger „bohnig", sondern die Milch auch etwas sämiger.

Zusätze pro Liter Wasser (siehe auch S. 74)

Öl: 1 EL Öl mit Omega-3-Fettsäuren (Rapsöl, Leinöl) verbessert den Nährwert und sorgt dafür, dass sich Partikel unten in der Flasche zeitverzögert absetzen, Haselnussöl ergibt ein besonders feines Aroma.

Süße: wahlweise 1 EL Honig, 1 EL Apfeldicksaft, 1 EL Sirup, 2 - 4 Datteln, andere Trockenfrüchte wie Feigen, Frischobst wie Himbeeren oder Erdbeeren, Bananen,

Gewürze: wahlweise 1 EL Kakao, 1 TL Zimt, 1 TL Vanilleextrakt, etwas Orangen- oder Zitronenschalenabrieb.

Hülsenfruchtallergie

Unterschiedliche und unterschiedlich stark auftretende allergische Reaktionen auf Hülsenfrüchte sind möglich (z.B. gegen Sojabohnen und Kichererbsen). Deshalb sind viele Hülsenfrüchte inzwischen deklarationspflichtig, selbst wenn nur geringe Spuren davon in einem Lebensmittel enthalten sind.

Milch aus schwarzen Bohnen.

Milch aus Bohnen

Milch aus Sojabohnen ist nicht nur in Asien, sondern war auch hierzulande lange Zeit der Klassiker unter den käuflichen Milchalternativen. Doch nicht nur aus Sojabohnen kann Milch zubereitet werden, auch andere der vielen farbenfrohen Trockenbohnensorten, die hier wachsen, können die Grundlage für tierfreie Milch sein. Jede Bohne hat einen leicht anderen Geschmack, die Bohnensorten können einzeln, aber auch gemischt verwendet werden (z.B. je 25 g Mungbohnen, schwarze Bohnen, Sojabohnen und Adzukibohnen oder auch 50 g schwarze Bohnen und 50 g Mandeln).

Bohnen sind einfach anzubauen und haben in unseren Gärten eine lange Tradition (S. 51 ff.). Bohnenmilch ist als Milch für den Kaffee ebenso geeignet wie für Suppen und Saucen. Milch aus gekochten Bohnen schmeckt weniger „bohnig", leicht nussig und hat eine etwas cremigere Textur als Milch aus gekeimten und blanchierten Bohnen. Um einen neutraleren Geschmack zu erreichen, wird Bohnenmilch gemäß japanischer Rezepte oftmals so hergestellt, dass die Bohnen nach dem Einweichen (Einweichwasser abschütten) püriert und gefiltert werden und die Flüssigkeit erst anschließend 15 Minuten lang gekocht wird.

Basisrezept I

100 - 150 g Trockenbohnen (je nach gewünschter Sämigkeit mehr oder weniger)
1 l Wasser
1 Prise Salz
Weitere Zutaten optional (siehe S. 74 ff.)

1. Die Trockenbohnen 12 Stunden (Mungbohnen nur 8 Stunden, Sojabohnen bis zu 15 Stunden) in reichlich kaltem Wasser einweichen, dann eventuell mehrere Tage keimen lassen (siehe S. 72). Das Einweichwasser nicht benutzen.
2. Die Trockenbohnen im Sieb mit frischem Wasser durchspülen.
3. Eingeweichte Trockenbohnen in kochendem Wasser etwa 20 Minuten kochen, Kochwasser abschütten. Bohnen abkühlen lassen. Gekeimte Trockenbohnen 2 Minuten in kochendem Wasser blanchieren, Kochwasser abschütten.
4. Mit 1 l kaltem Wasser, einer Prise Salz und optional weiteren Zutaten im Mixer oder mit dem Pürierstab so lange pürieren, bis eine homogene Flüssigkeit entsteht.
5. Soll die Milch dünnflüssig bleiben, durch einen Nussmilchbeutel (S. 71) oder ein feinmaschiges Sieb in eine Schale filtern, ansonsten so belassen, wenn die winzigen, aber gehaltvollen Partikel (Ballaststoffe) nicht stören.
6. In eine gut verschließbare Flasche füllen. Im Kühlschrank ist die Milch 2 - 3 Tage haltbar. Vor Gebrauch schütteln, damit sich die abgesetzten Schwebstoffe wieder mit der Flüssigkeit vermischen. Die Milch kann in Portionsgrößen auch eingefroren werden.

Basisrezept II (japanische Methode für einen neutraleren Geschmack)

100 - 150 g Trockenbohnen (je nach gewünschter Sämigkeit mehr oder weniger)
1 l Wasser
1 Prise Salz
Weitere Zutaten optional (siehe S. 74 ff.)

1. Die Trockenbohnen in reichlich kaltem Wasser einweichen, Einweichzeiten siehe S. 72. Einweichwasser abschütten.
2. Die Bohnen mit den anderen Zutaten im Mixer oder mit einem Pürierstab fein pürieren.
3. Nun die Flüssigkeit unter Rühren 15 - 20 Minuten köcheln lassen.
4. Soll die Milch dünnflüssig bleiben, die Milch nach dem Abkühlen durch einen Nussmilchbeutel (S. 71) oder ein feinmaschiges Sieb in eine Schale filtern, ansonsten so belassen, wenn die winzigen, aber gehaltvollen Partikel (Ballaststoffe) nicht stören.
5. In eine gut verschließbare Flasche füllen. Im Kühlschrank ist die Milch 2 - 3 Tage haltbar. Vor Gebrauch schütteln, damit sich die abgesetzten Schwebstoffe wieder mit der Flüssigkeit vermischen. Die Milch kann in Portionsgrößen auch eingefroren werden.

Milch aus Adzukibohnen.

Vanille-Bohnenmilch

150 g Mungbohnen oder schwarze Bohnen (je nach Sämigkeit mehr oder weniger)
1 l Wasser
2 - 3 EL Apfeldicksaft
2 TL Vanilleextrakt
etwas Zitronenschalenabrieb
1 Prise Salz

1. Schwarze Bohnen 12 Stunden, Mungbohnen 8 Stunden in reichlich kaltem Wasser einweichen.
2. Einweichwasser abgießen und die Bohnen im Sieb durchspülen.
3. Die Bohnen mit Wasser aufkochen und bei reduzierter Hitze etwa 20 Minuten sanft köcheln lassen, dabei ab und zu rühren. Das Kochwasser abschütten.
4. Die Bohnen mit 1 Liter frischem Wasser im Mixer oder mit dem Pürierstab fein zerkleinern.
5. Die Milch eventuell durch einen Nussmilchbeutel (S. 71) oder ein feinmaschiges Sieb in eine Schale filtern, ansonsten so belassen, wenn die winzigen, aber gehaltvollen Partikel nicht stören. Nun Zitronenschalenabrieb, Vanilleextrakt, Salz und Apfeldicksaft nach Geschmack einrühren.
6. Die Milch sofort genießen oder im Kühlschrank etwa 2 Stunden ruhen lassen, damit sich das Aroma der Zutaten entfalten kann. Vor Gebrauch schütteln, um die abgesetzten Schwebstoffe wieder mit der Flüssigkeit zu vermischen. Die Milch ist gekühlt im verschlossenen Behälter 2 - 3 Tage haltbar.

Milch aus gekeimten Erbsen.

Haselnuss-Bohnenmilch

100 g Adzukibohnen
50 g Haselnüsse
1 l Wasser
1 - 2 EL Honig
1 Prise Salz

Herstellung gemäß Basisrezept I oder II.

Milch aus Erbsen

Milch aus Trockenerbsen ist in den USA ein recht neuer Trend und wegen ihres Eiweißgehaltes besonders bei Sportlern beliebt. Getrocknete Erbsen enthalten fast doppelt so viel Kohlenhydrate und Eiweiß wie rohe und sind obendrein fettarm.

Selbstgemachte Erbsenmilch hat eine etwas gelbliche Farbe, eine angenehme Konsistenz und schmeckt, wie manche Menschen sagen, fast so gut wie Mandelmilch. Sie ist eiweißreicher als Hafer- oder Mandelmilch. Aufgrund ihres recht neutralen, mild-süßlichen Geschmacks mit leicht nussiger Note kann sie als Allzweckmilch eingesetzt werden. Manche Menschen nehmen trotzdem, besonders im Nachgang, einen Erbsengeschmack wahr, den sie als gewöhnungsbedürftig empfinden. Es ist nicht ganz so einfach wie z.B. bei Haselnuss- oder Mandelmilch, aus getrockneten Erbsen eine angenehm schmeckende Milch zu machen. Deshalb empfiehlt es sich, mit einer kleineren Menge zu beginnen.

Da Trockenerbsen, anders als Bohnen, kein Phasin enthalten, kann das Kochen entfallen. Geschmacklich ist es aber vorteilhaft, wenn sie wenigstens blanchiert werden, dadurch treten auch die beim Nachreifen entstandenen Bitterstoffe in den Hintergrund. Und wenn die Erbsen vorher gekeimt waren, wird durch das Blanchieren auch der – wie manche Menschen sagen – „wurzelige" Geschmack im Nachgang zugunsten einer leichten Nussigkeit verändert.

Erbsen wachsen bei uns seit Urzeiten, können gut im Garten selbst angebaut werden (siehe S. 57 ff.), brauchen wenig Wasser und ihre Ökobilanz ist sehr gut.

Verwendung: Milch aus Erbsen ist besonders geeignet für herzhafte Gerichte wie Suppen, Saucen, als Milchersatz im Müsli und für Pfannkuchen, Waffeln und Püree. Sind die Speisen sehr heiß, kann es allerdings zum Ausflocken der Milch kommen. Als eiweißreiche Milch zum Purtrinken schmeckt sie angenehmer, wenn sie mit Zutaten wie neutral schmeckendem Öl und etwas Süße angereichert wird.

Basisrezept

- 100 - 150 g Trockenerbsen
- 0,7 - 1 l Wasser (je nach gewünschter Dickflüssigkeit)
- 1 Prise Salz
- Weitere Zutaten nach Wahl (siehe S. 74 ff.)

1. Die Trockenerbsen 12 Stunden in reichlich kaltem Wasser einweichen, dann eventuell mehrere Tage keimen lassen (siehe S. 72). Einweichwasser nicht benutzen.
2. Die Erbsen im Sieb mit frischem Wasser durchspülen.
3. Die gekeimten Erbsen 2 Minuten in kochendem Wasser blanchieren, abkühlen lassen. Wegen des besseren Geschmacks wird auch empfohlen, Trockenerbsen nach dem Einweichen ca. 20 Minuten zu kochen.
4. Mit einer Prise Salz und den optional weiteren Zutaten im Mixer mit 1 l Wasser so lange pürieren, bis eine homogene Flüssigkeit entsteht.
5. Soll die Milch dünnflüssig bleiben, durch einen Nussmilchbeutel (S. 71) oder ein feinmaschiges Sieb in eine Schale filtern, sonst die Milch so belassen, wenn die winzigen, aber gehaltvollen Partikel (Ballaststoffe) nicht stören.
6. In eine gut verschließbare Flasche füllen. Im Kühlschrank ist die Milch 2 - 3 Tage haltbar. Vor Gebrauch schütteln, damit sich die abgesetzten Schwebstoffe mit der Flüssigkeit vermischen. Die Milch kann auch in Portionsgrößen eingefroren werden (Haltbarkeit etwa 3 Monate).
7. Zum Purtrinken: Die Zugabe von 1 EL Rapsöl und 1 TL Lecithin verbessert den Nährwert und macht die Milch etwas aufschäumbarer. Einige Datteln und 1 TL Vanilleextrakt runden den Geschmack ab.

Mungbohnen-Keimlinge

Schwarze Bohnen-Keimlinge

Süßlupinen-Keimlinge

Ein Powerdrink (3 Gläser)

100 g Trockenerbsen
0,5 l Wasser
1 EL Leinöl
3 Datteln
1 kleiner Apfel
20 g Nüsse nach Wahl
1 TL Lecithin
1 Prise Salz
1 TL Vanilleextrakt

1. Die Trockenerbsen 12 Stunden in reichlich kaltem Wasser einweichen, dann mehrere Tage keimen lassen (siehe S. 72). Einweichwasser nicht benutzen.
2. Die Erbsen im Sieb mit frischem Wasser durchspülen.

3. Die Erbsen 2 Minuten in kochendem Wasser blanchieren, abkühlen lassen.
4. Mit 0,5 l Wasser und den weiteren Zutaten im Mixer so lange pürieren, bis eine homogene Flüssigkeit entsteht.
5. Sofort genießen oder im Kühlschrank zunächst etwa 2 Stunden ruhen lassen, damit sich das Aroma der Zutaten entfalten kann. Dann vor Gebrauch schütteln, um die abgesetzten Schwebstoffe wieder mit der Flüssigkeit zu vermischen.

Milch aus Kichererbsen

Einer der Vorteile von Kichererbsenmilch ist ihr verhältnismäßig neutraler Geschmack, wodurch sie für viele Gerichte zu verwenden ist. Kichererbsen haben, wie alle Hülsenfrüchte, viel Eiweiß und einen hohen Gehalt an Mineralstoffen, hitzebeständigen Vitaminen und sättigenden Ballaststoffen. Kichererbsen enthalten Phasin; um es abzubauen, müssen sie erhitzt werden. Durch vorheriges Einweichen verringert sich die Kochzeit auf etwa 20 Minuten, was nicht nur energiesparend und vitalstoffschonend ist, die Kichererbsen werden zudem auch leichter verdaulich.

Zusätze: 1 EL Rapsöl oder Leinöl verbessert den Nährwert und verhindert eher, dass sich Partikel unten in der Flasche absetzen. Haselnussöl ergibt ein besonders feines Aroma. Einige Datteln und 1 TL Vanilleextrakt machen die Milch angenehm mild.

Basisrezept

100 - 150 g Kichererbsen
1 l Wasser
1 Prise Salz
optional Süße nach Wahl (S. 74 ff.)

1. Die Kichererbsen 12 Stunden in reichlich kaltem Wasser einweichen, sie quellen stark auf. Das Einweichwasser abschütten, dann eventuell mehrere Tage keimen lassen (siehe S. 72).
2. Die Kichererbsen im Sieb mit frischem Wasser durchspülen.

3. Nur eingeweichte Kichererbsen mit 1 l Wasser im Topf aufkochen und anschließend etwa 20 Minuten köcheln lassen, das Kochwasser aufbewahren und z.B. Aquafaba, veganen Eischnee, daraus machen (siehe S. 116). Gekeimte Kichererbsen 2 Minuten in kochendem Wasser blanchieren.
4. Mit 1 l frischem kaltem Wasser, der Prise Salz und optional Süße nach Wahl im Mixer oder mit dem Pürierstab so lange pürieren, bis eine homogene Flüssigkeit entsteht.
5. Soll die Milch dünnflüssig bleiben, durch einen Nussmilchbeutel (S. 71) oder ein feinmaschiges Sieb in eine Schale filtern, ansonsten so belassen, wenn die winzigen, aber gehaltvollen Partikel nicht stören.
6. In eine gut verschließbare Flasche füllen. Im Kühlschrank ist die Milch 2 - 3 Tage haltbar. Vor Gebrauch schütteln, damit sich die abgesetzten Schwebstoffe wieder mit der Flüssigkeit vermischen. Die Milch kann auch in Portionsgrößen eingefroren werden (Haltbarkeit etwa 3 Monate).

Kichererbsenmilch nach japanischer Art

- 100 - 150 g getrocknete Kichererbsen
- 1 l Wasser
- 2 Datteln
- ½ TL Vanillextrakt
- 1 Prise Zimt
- 1 Prise Muskatnuss
- 1 Prise Salz

1. Die Kichererbsen über Nacht in reichlich kaltem Wasser einweichen. Sie dehnen sich stark auf etwa das Dreifache ihrer ursprünglichen Größe aus.
2. Einweichwasser abgießen und die Kichererbsen im Sieb durchspülen.
3. Im Mixer mit den Datteln und einem kleinen Teil des Wassers pastenartig pürieren
4. Das restliche Wasser und die Kichererbsenpaste zusammen mit den anderen Zutaten aufkochen, alles gut vermischen und bei reduzierter Hitze etwa 20 Minuten köcheln lassen, dabei ab und zu rühren. Sollte die Flüssigkeit stärker als gewünscht eindicken, etwas Wasser hinzufügen.
5. Die Milch durch einen Nussmilchbeutel (S. 71) oder ein feinmaschiges Sieb in eine Schale filtern, ansonsten so belassen, wenn die winzigen, aber gehaltvollen Partikel nicht stören.
6. Vor dem Servieren am besten 2 Stunden im Kühlschrank ruhen lassen, damit sich die Zutaten geschmacklich gut entfalten können.
7. Die Milch ist gekühlt in Behältern mit Schraubverschluss etwa 2 - 3 Tage haltbar.

Kichererbsen-Laibchen

- 100 g Kichererbsen
- 0,25 l Wasser
- 1 EL Öl
- 1 - 2 zerkleinerte Knoblauchzehen
- 1 Schalotte, fein geschnitten
- 1 EL frischer Zitronensaft
- 2 - 4 EL Hefeflocken (optional)
- Kräuter (nach Wahl)
- Gut würzen mit Salz, Pfeffer, Kreuzkümmel, Paprika

1. Kichererbsen über Nacht in reichlich Wasser einweichen, das Wasser abschütten und mit allen Zutaten, außer den Kräutern, im Mixer feincremig pürieren. Hat die Mischung eine dickflüssigere Konsistenz als Suppe, zusätzlich etwas Wasser zugeben.
2. Die Masse in einem Topf aufkochen lassen und unter ständigem Rühren ca. 20 Minuten köcheln lassen, bis sie zähflüssig ist. Das ständige Rühren bei geringer Hitze ist wichtig, damit die Masse nicht anbrennt. Wird die Masse während des Kochens zu dickflüssig, noch etwas Wasser zugeben.
3. Abkühlen lassen und feingeschnittene Kräuter nach Wahl unterrühren.
4. In einen kleinen und möglichst konischen Behälter füllen und im Kühlschrank so lange kühlen, bis das Kichererbsen-Laibchen schnittfest ist. Es ist gekühlt mehrere Tage haltbar und lässt sich, in Scheiben geschnitten, auch gut anbraten.

Aquafaba – Veganer Eischnee

Aquafaba (von lat. Aqua=Wasser und faba=Bohne), das dickflüssige Kochwasser von Bohnen, kann für veganen Eischnee benutzt werden. Das Kochwasser von Kichererbsen eignet sich dafür besonders gut, da Kichererbsen durch das Kochen viel lösliches Eiweiß und gelierende Stärke an das Wasser abgeben, was das Aufschäumen ermöglicht. Am besten wird das Kochwasser nach der Entnahme der Kichererbsen noch etwas weiter eingekocht. Hat es die richtige Konsistenz, lässt es sich wie Eiklar mit dem Mixer luftig und schaumig aufschlagen (das kann ein paar Minuten dauern).

Aquafaba kann zur Herstellung von Baiser und Makronen verwendet werden, vermischt mit Puderzucker als Ersatz für die klassische Schlagsahne, es gibt selbstgemachtem Eis mehr Cremigkeit und mit flüssiger Schokolade wird es zur Mousse au Chocolat. Es gibt viele Einsatzmöglichkeiten für Aquafaba, auch in veganen Kuchen und Cookies kann es als Eiweiß-Ersatz dienen. Zwei Esslöffel Aquafaba ersetzen ein aufgeschlagenes Eiweiß.

Lässt sich der vegane Eischnee nicht gut aufschäumen, liegt dies gewöhnlich daran, dass entweder noch zu viel Wasser in der Kochflüssigkeit oder die Konzentration von Proteinen und Stärke zu gering ist. Die Zugabe von etwas Johannisbrotkernmehl (1 TL für 0,15 - 0,2 l reichhaltiges Kichererbsenkochwasser), Weinsteinpulver oder Guarkernmehl trägt zur besonderen Festigkeit der Masse bei. Da das Kichererbsenwasser hauptsächlich aus Wasser besteht, ist es sehr kalorienarm. Im Kühlschrank hält es sich ein paar Tage und kann auch tiefgefroren werden.

Reines Aquafaba schmeckt natürlich nach Bohnen, wird es mit Zucker und anderen Zutaten verfeinert, verliert es seinen Eigengeschmack.

Milch aus Süßlupinen

Lupinen – allerdings nur die Süßlupinen – gelten als Eiweißquelle der Zukunft, bezogen auf ihre wertvollen Inhaltsstoffe und ihre Umweltverträglichkeit. Sie sind als alte europäische Kulturpflanzen sehr gut regional anzubauen, denn die Süßlupinen sind anspruchslos und wachsen vorzugsweise auf kargen Böden. Als Stickstoffbinder haben sie zudem positive Auswirkungen auf die Bodenqualität. Süßlupinen sind eine gute Alternative zu Soja für alle, die an einer Sojaallergie leiden oder aus anderen Gründen auf Soja verzichten möchten. Mit ein wenig Zeit – auch Süßlupinen sollten nach dem Einweichen und vor dem Pürieren gekocht werden – lässt sich ein köstliches und schön gelbes Lupinengetränk zum Purtrinken herstellen.

Süßlupinen sind ähnlich wie Sojabohnen reich an hochwertigen pflanzlichen Proteinen, dazu fettarm und enthalten Mineralien wie Eisen, Kalzium, Kalium und Magnesium. Sie haben erheblich mehr Ballaststoffe als Sojabohnen. Außerdem wirken Süßlupinen nicht blähend, wie es bei anderen Hülsenfrüchten der Fall sein kann. Süßlupinen enthalten alle essentiellen Aminosäuren, sind aber purinarm, zählen deshalb zu den basischen Lebensmitteln und können auch bei Gicht verzehrt werden.

Achtung: Nur Samen aus Süßlupinen nutzen! Auch sie sollten vor der Verarbeitung eingeweicht und dann gekocht werden, um noch restliche Antinährstoffe auszuschwemmen. Milch aus Süßlupinen kann problematisch für Menschen sein, die allergisch gegen Hülsenfrüchte sind (auch Kreuzallergien z.B. gegen andere Hülsenfrüchte wie z.B. Erdnüsse sind möglich).

Geschmack: Werden die Süßlupinen eingeweicht und ausreichend lange gekocht bzw. gekeimt und blanchiert, wird die Milch cremiger, ihr Aroma milder, und auch ihr leicht grasiger Eigengeschmack verschwindet. Im Vergleich zu anderen Hülsenfrüchten werden Lupinensamen durch das Kochen nicht mehlig, sondern bleiben fest. Mit weiteren Zutaten wie frischen oder getrockneten Früchten und Gewürzen wie Kardamom (1 TL auf 1 Liter Wasser) und 1 TL Vanille lässt sich Lupinenmilch delikat verfeinern.

Verwendung: Die gelbliche Lupinenmilch ist nicht nur im Müsli und für Milchreis gut, sondern auch in heißer Schokolade und zum Verfeinern von Tee und leichten Suppen. Im Kaffee lässt sich die Milch dank der enthaltenen Proteine und Fette luftig und eher feinporig aufschäumen. Und natürlich kann sie einfach pur getrunken werden.

Basisrezept

100 - 150 g Süßlupinen, je nach gewünschter Dickflüssigkeit mehr oder weniger
1 l Wasser
1 Prise Salz
optional weitere Zutaten nach Wahl (S. 74 ff.)

1. Die Süßlupinen mindestens 8 Stunden in reichlich kaltem Wasser einweichen. Das Einweichwasser abschütten, dann eventuell mehrere Tage keimen lassen (siehe S. 72). Süßlupinen im Sieb mit frischem Wasser durchspülen.
2. Eingeweichte Süßlupinen mit Wasser im Topf ca. 20 Minuten kochen. Gekeimte Süßlupinen 2 Minuten in kochendem Wasser blanchieren, um restliche Schadstoffe zu entfernen. Das Wasser abschütten und die Süßlupinen kurz durchspülen.
3. Mit 1 l frischem Wasser, einer Prise Salz und weiteren Zutaten nach Wahl im Mixer oder mit dem Pürierstab so lange zerkleinern, bis eine homogene Flüssigkeit entsteht.
4. Soll die Milch dünnflüssig bleiben, durch einen Nussmilchbeutel (S. 71) oder ein feinmaschiges Sieb in eine Schale filtern, ansonsten so belassen, wenn die winzigen, aber gehaltvollen Partikel (Ballaststoffe!) nicht stören.
5. In eine gut verschließbare Flasche füllen. Im Kühlschrank ist die Milch 2 - 3 Tage haltbar. Vor Gebrauch schütteln, damit sich die abgesetzten Schwebstoffe wieder mit der Flüssig-

Milch aus weißen Bohnen und aus Kichererbsen (rechts).

keit vermischen. Um die Milch länger aufzubewahren, in Eiswürfelbehälter oder Gläschen gießen und bis zu 3 Monate einfrieren.
Vorsicht: Die Behälter oder Gläschen nicht bis oben füllen, Flüssigkeiten dehnen sich beim Gefrieren aus.

Lupinenmilch

Goldene Lupinenmilch

- 100 - 150 g Süßlupinen, je nach gewünschter Dickflüssigkeit mehr oder weniger
- 1 l Wasser
- 2 EL Honig oder anderes Süßungsmittel (S. 74 ff.)
- 2 EL Haselnussöl
- 1 TL Vanilleextrakt
- 1 TL frisch geriebene Kurkumawurzel
- ½ TL Kardamom, gemahlen
- 1 TL frisch geraspelter Ingwer
- 1 Prise Salz
- 1 Prise schwarzer Pfeffer

1. Die Süßlupinen mindestens 8 Stunden in reichlich kaltem Wasser einweichen. Das Einweichwasser abschütten, Süßlupinen im Sieb mit frischem Wasser durchspülen.
2. Die Süßlupinen mit 1 l Wasser, der Prise Salz und dem geriebenen Kurkuma ca. 20 Minuten kochen. Alles etwas abkühlen lassen.
3. Zusammen mit den restlichen Zutaten im Mixer oder mit dem Pürierstab so lange zerkleinern, bis eine homogene Flüssigkeit entsteht.
4. In eine gut verschließbare Flasche füllen. Im Kühlschrank ist die Milch 2 - 3 Tage haltbar. Vor Gebrauch schütteln, damit sich die abgesetzten Schwebstoffe wieder mit der Flüssigkeit vermischen. Um die Milch länger aufzubewahren, in Eiswürfelbehälter oder Gläschen gießen und einfrieren (bis zu 3 Monate haltbar). *Vorsicht*: Die Behälter oder Gläschen nicht bis oben füllen, Flüssigkeiten dehnen sich beim Gefrieren aus.

Lupinen-Buttermilch (1 Portion)

- 0,25 l Lupinenmilch
- 1 EL Apfelessig

Die Milch mit dem Apfelessig verrühren und 10 - 15 Minuten stehen lassen, bis sie sich verdickt hat und geronnen ist. Die vegane Lupinen-Buttermilch ist im Sommer gekühlt sehr erfrischend.

Milch aus Knollen

Vor kurzem wurde ein neuer Pflanzenmilchtrend aus Schweden gefeiert: Milch aus Kartoffeln. Kartoffelmilch ist umweltfreundlich, da Kartoffeln im Prinzip überall angebaut werden können und für den gleichen Ernteertrag deutlich weniger Ackerfläche benötigen als Hafer. Auch Süßkartoffeln, ursprünglich in Südamerika beheimatet, werden inzwischen vermehrt bei uns angebaut.

Des weiteren ist die Erdmandel zum Milchen geeignet. Sie ist keine Nuss, sondern die Knollenfrucht des Zypernmandelgrases und wird auch Tigernuss genannt, da die Oberfläche der kleinen Knollen braungefleckt ist. Erdmandeln werden heute vorwiegend in Spanien angebaut, gedeihen aber auch in unseren Gärten und auf dem Balkon, da sie nicht an warme Zonen gebunden sind.

Milch aus Kartoffeln

Die Kartoffel (*Solanum tuberosum*), auch Erdapfel genannt, gehört zur Familie der Nachtschattengewächse. Rohe Kartoffeln schmecken bitter und mehlig. Durch Kochen wird ihr hoher Anteil an Stärke zudem chemisch umgewandelt, was die Kartoffeln bekömmlicher macht.

Kartoffeln haben einen niedrigen Zuckergehalt, wenig gesättigte Fettsäuren und sind frei von Gluten und Nüssen. Kartoffelmilch in reiner Form ist also auch eine gute Alternative für Menschen mit Allergien oder sonstigen Unverträglichkeiten. Kartoffelmilch ist gelblich-weiß, zum Purtrinken geeignet, aber auch angenehm im Müsli und in gekochten Speisen. Kartoffelmilch bildet sogar Schaum im Kaffee! Wer sich einmal mit dem Gedanken angefreundet hat, Kartoffelmilch zu trinken, wird feststellen, dass die Milch auch ohne Zusätze cremig mit einem ganz leichten süßlichen Kartoffel-Aroma ist. Der kartoffelige Geschmack verschwindet, wenn der Milch etwas Mandelmus beigemischt wird.

Kartoffeln und ihre Schalen enthalten gesundheitsschädliche Glykoalkaloide, vor allem Solanin. Deshalb empfiehlt das Landeszentrum für Ernährung in Baden-Württemberg von den rohen Kartoffeln grüne oder keimende Stellen großzügig zu entfernen. Die Kartoffeln sollten möglichst mit Schale gekocht werden, um die Vitamine und Mineralien im Inneren nicht auszu-

Nährwert von Knollen je 100 g*

Knollen	Energie kcal	Fett g	Kohlenhydrate g	Eiweiß g	Ballaststoffe g
Kartoffeln	69	0,1	14,2	2,0	2,3
Süßkartoffel	111	0,6	41,0	1,4	3,0
Erdmandeln	360	10,0	51,0	5,9	12,5

*Nach: www.naehrwertrechner.de. Die Nährwerte von Naturprodukten unterliegen Schwankungen.

schwemmen. Nach dem Kochen die Kartoffeln pellen, das entfernt den größten Teil der Glykoalkaloide. Das Kochwasser nicht verwenden, aber auch nicht entsorgen: Ungesalzenes Kartoffelwasser enthält Mineralstoffe wie Magnesium, Eisen und Phosphor und kann sehr gut als Pflanzendünger verwendet werden. Kartoffelwasser soll sogar gegen Blattläuse helfen!

Werden geschälte Kartoffeln gekocht, kann das Kochwasser für die Milch mitverwendet werden.

Basisrezept

150 - 200 g Kartoffeln
1 l Wasser
1 Prise Salz
optional Süßungsmittel, z.B. Ahornsirup o. Honig

Milch aus Süßkartoffeln.

1. Kartoffeln mit Schale in ungesalzenem Wasser weich kochen, Kochwasser abschütten und weiterverwenden (siehe links).
2. Kartoffeln abkühlen lassen, Schale pellen und mit 1 l frischem Wasser, Salz und Honig oder Ahornsirup (z.B. 1 EL) pürieren.
3. Alternativ die rohe Kartoffel schälen, in Stücke schneiden, mit der Prise Salz in 1 l Wasser weich kochen, mit dem Kochwasser und dem Honig pürieren.
4. Die Kartoffelmilch ist im Kühlschrank in einer gut verschlossenen Flasche 2 - 3 Tage haltbar.

Kartoffel-Mandelmilch (2 Portionen)

Im nachfolgenden Rezept sorgen die Mandeln für eine cremige Konsistenz der Milch und etwas mehr Kalzium.

150 g Kartoffeln
0,5 l Wasser
1 Prise Salz
1 EL Mandelmus
1 EL Honig
¼ TL Vanille-Extrakt

1. Kartoffeln schälen und in Stücke schneiden.
2. Mit dem Salz in 0,5 l Wasser weich kochen.
3. Mit dem Kochwasser, dem Mandelmus, dem Honig und dem Vanilleextrakt fein pürieren. Warm oder kalt servieren.

Oftmals bleiben nach einer Mahlzeit ein paar gekochte Kartoffeln übrig. Dann ist die Milch ganz schnell gemacht – und eine sehr gute und sättigende Resteverwertung.

Milch aus Süßkartoffeln

Die Süßkartoffel (*Ipomoea batatas*), auch Batate genannt, gehört botanisch zur Familie der Windengewächse. Sie ist kein Nachtschattengewächs wie die Kartoffel, enthält folglich auch kein gesundheitsschädliches Solanin, d.h. sie kann roh und mit Schale verzehrt werden. Süßkartoffeln haben einen leicht süßlichen Geschmack und schmecken ähnlich wie Karotten, sind dabei aber etwas nussiger und mehliger. Süßkartoffeln enthalten viele Nährstoffe und sollen – roh und mit Schale verzehrt – u.a. entzündungshemmend sein, den Blutzuckerspiegel regeln und das Immunsystem stärken. Durch Kochen gehen die hitzeempfindlichen Nährstoffe verloren, die Süßkartoffeln schmecken gekocht allerdings süßer, weshalb die meisten Süßkartoffel-Milchrezepte gekochte oder geröstete Süßkartoffeln vorsehen.

Basisrezept I: Milch aus rohen Süßkartoffeln

- 150 - 200 g Süßkartoffeln mit Schale
- 1 l Wasser
- 1 Prise Salz
- Weitere Zutaten optional (S. 74 ff.)

1. Süßkartoffeln sorgfältig waschen und in Stücke schneiden.
2. Mit 1 l Wasser, der Prise Salz und evtl. weiteren Zutaten im Mixer auf hoher Stufe pürieren.
3. Soll die Milch eine sehr feinflüssige Konsistenz haben, anschließend durch einen Nussmilchbeutel in eine Schale filtern.
4. Die Milch in einer Flasche mit Schraubverschluss im Kühlschrank aufbewahren. Haltbar 2 - 3 Tage. Vor Gebrauch schütteln, damit sich alles gut vermischt.

Basisrezept II: Milch aus gekochten oder gerösteten Süßkartoffeln

Milch mit gekochten oder gebackenen Süßkartoffeln hat ein etwas intensiveres, sämigeres und süßeres Aroma. Sehr gut passt dazu etwas abgeriebene Zitronenschale.

- 150 - 200 g Süßkartoffeln
- 1 l Wasser
- 1 Prise Salz
- Weitere Zutaten optional (S. 74 ff.)

1. Süßkartoffeln mit oder ohne Schale in Stücke schneiden.
2. Mit 1 Liter Wasser, dem Salz und evtl. weiteren Zutaten aufkochen und etwa 10 Minuten auf niedriger Stufe weiterköcheln. Abkühlen lassen und pürieren.
3. Alternativ die Süßkartoffeln längs halbieren und im vorgeheizten Ofen bei 200°C so lange backen, bis sie weich sind. Mit 1 l Wasser und weiteren Zutaten nach Geschmack pürieren.

Warme Delikatess-Milch aus Süßkartoffeln (2 - 3 Portionen)

- 150 g Süßkartoffeln, mit oder ohne Schale
- 0,5 l ungesüßte Pflanzenmilch, z.B. Hafer- oder Mandelmilch
- etwas Ingwer (passt sehr gut)

1. Süßkartoffeln in kleine Stücke schneiden.
2. In der Pflanzenmilch zum Kochen bringen und auf niedriger Stufe etwa 10 - 15 Minuten köcheln lassen.
3. Alles pürieren und mit etwas rohem, geriebenem Ingwer verfeinern.
4. Das Getränk schmeckt an sich schon so sämig und süß, dass keine weiteren Zutaten mehr nötig sind. Wenn die Milch dennoch nicht süß genug ist, können ein paar Dattelstücke, etwas Honig oder Fruchtdicksaft zugegeben werden, als Geschmacksvariante evtl. auch Zimt und eine Prise Kurkuma. Auch der mitgekochte Abrieb einer Biozitrone gibt der Milch eine frische Note. Gewürze wie Anis, Muskat und Kardamom passen auch zu Süßkartoffeln.

Delikatess-Süßkartoffel-Bananen-Milch (4 Portionen)

- 300 g Süßkartoffel
- 0,7 l Pflanzenmilch (Hafer, Nussmilch), ungesüßt
- 1 kleine reife Banane
- 1 - 2 TL Honig
- 1 TL Zimt
- 1 Prise Salz, ca. 1 cm Ingwerwurzel

1. Die Süßkartoffeln halbieren und im vorgeheizten Ofen bei 200°C backen, bis sie weich sind (Gabelprobe). Etwas abkühlen lassen.
2. Alle Zutaten im Mixer cremig pürieren. Die Milch ist sehr nahrhaft, deshalb eventuell mit Wasser verdünnen. Im Kühlschrank hält sich die Milch 2 - 3 Tage.

Erdmandelmilch, die Königin der Pflanzenmilchgetränke

„Erdmandeln zählen zu jenen untergenutzten Kulturarten, die gerade wieder neu entdeckt werden". Aus: Heistinger: Handbuch Samengärtnerei. S. 349, Verlag E. Ulmer, 2007)

Die Erdmandel, auch Tigernuss genannt, wird inzwischen mancherorts als Superfood gefeiert. Die erbsenförmigen kleinen Knollen mit ihrem nussähnlichen Geschmack sind süß, sehr nährstoffreich und haben einen hohen Faser- und Ballaststoffgehalt. Erdmandeln wachsen in Süddeutschland sogar wild! Wie schon erwähnt, ist die Erdmandel keine Nuss, sondern die stark ölhaltige Knollenfrucht einer krautigen Pflanze, des Zypernmandelgrases (*Cyperus esculentes*). Ursprünglich stammt diese sehr alte Pflanzenart aus Nordafrika, die Milch wird dort auch als „Getränk der Götter" bezeichnet. Sie hat ein süßliches bis etwas herb-weiches Aroma und einen sehr hohen Gehalt an ungesättigten Fettsäuren. Ihre gesundheitsfördernden Wirkungen sind beachtlich, weshalb die Erdmandel in der Naturheilkunde gern als „Überlebensnahrung" bezeichnet wird. Schon täglich 2 Esslöffel davon sollen ausreichen, um den Körper mit allen wichtigen Nährstoffen zu versorgen. Die Milch ist frei von Gluten und für Diabetiker oder Menschen mit einer Nussallergie geeignet. Die Knöllchen haben zudem den Ruf, appetitdämpfend zu sein und den Blutzuckerspiegel zu senken. Darüber hinaus sollen sie die Darmflora stärken, was sich gut auf das Immunsystem auswirkt.

Milch aus Erdmandeln.

Wer sie nicht selbst anbauen möchte oder kann, findet Erdmandeln als getrocknete ganze Knöllchen, als Mehl oder Mus auch im Handel.

Geschmack: Roh sind Tigernüsse etwas hart, länger eingeweicht haben sie eine maronenähnliche Textur. Als Milch zubereitet schmecken Erdmandeln auch pur angenehm süßlich und cremig. Erdmandelmilch lässt sich gut mit Minze und Ingwer verfeinern und sowieso mit Vanille, Zimt und Kardamom. Der Trester bzw. die Pulpe (am besten im Kühlschrank aufbewahren oder einfrieren) von Tigernüssen kann, mit Wasser gemixt, noch ein- bis zweimal verwendet werden, die Milch wird dabei immer dünnflüssiger.

Die grasähnliche Pflanze bildet an den Wurzeln im Laufe ihres Wachstums zahlreiche unterirdische Knöllchen aus (siehe S. 64 ff). Pflanzenmilch aus Erdmandeln ist in Spanien gekühlt als sehr wohlschmeckendes Getränk beliebt und dort in Eisdielen und Bars erhältlich. Traditionell wurden die geernteten Knöllchen, lange eingeweicht, eventuell gekocht, zerstampft und dann mit Wasser vermischt und durchgesiebt, um die seit vielen Jahrhunderten hergestellte Erdmandelmilch (Horchata de chufa) zu erhalten.

Erdmandelmilch ist am besten kalt zu genießen. Erhitzt wird die Milch leicht schleimig. Mit Likör vermischt, wird Erdmandelmilch zu einem leckeren Cocktail.

Basisrezept: Milch aus frischen oder getrockneten Erdmandeln

120 - 200 g Erdmandeln (je nach gewünschter Konsistenz)
1 l Wasser
1 Prise Salz
Weitere Zutaten optional (siehe S. 74 ff.)

1. Getrocknete Erdmandeln 24 Stunden in reichlich Wasser einweichen und das Wasser wechseln, wenn es trübe wird. Erdmandeln fermentieren bei Wärme recht schnell, deshalb im Sommer zum Einweichen besser im Kühlschrank aufbewahren. Frische Erdmandeln müssen nur gewaschen werden.
2. Die Erdmandeln mit 1 l Wasser, der Prise Salz und evtl. weiteren Zutaten in einem leistungsstarken Mixer pürieren. Getrocknete Erdmandeln sind sehr hart, und um sie fein zu zerkleinern, sollten je nach Leistungsfähigkeit des Mixers vielleicht nur jeweils kleinere Mengen püriert werden. Alternativ können die Erdmandeln auch mit 1 l Wasser gekocht und mit dem Kochwasser nach dem Abkühlen im Mixer oder mit dem Pürierstab fein zerkleinert werden.
3. Das Erdmandel-Wasser-Gemisch über einer Schüssel in einen Nussmilchbeutel einfüllen und diesen gut auswringen, um so viel Milch wie möglich aufzufangen.
4. Die Erdmandelreste (Pulpe) eventuell nochmal mit Wasser in den Mixer geben und pürieren; dann vorher nicht die gesamte Menge an Wasser zugeben, sondern nur einen Teil.
5. Die Erdmandelmilch in eine Flasche mit Schraubverschluss füllen.
6. Zur Entfaltung des Geschmacks die Milch am besten ein paar Stunden im Kühlschrank ruhen lassen und vor Gebrauch schütteln, damit sich der Bodensatz löst. Im Kühlschrank ist die Milch 2 - 3 Tage haltbar. Sie lässt sich auch gut für etwa 3 Monate einfrieren .

Durch die natürliche Süße der Erdmandeln sind außer Wasser und einer Prise Salz (verstärkt den Nussgeschmack) eigentlich keine weiteren Zutaten nötig. Wer variieren möchte, kann die Milch mit Datteln, Honig oder Fruchtdicksaft süßen, mit Ingwer, Zimt, Kardamom, Minze, Zitronenschalenabrieb oder püriertem Obst aromatisieren oder, wer es gerne scharf hat, mit etwas Pfeffer und Chili. Im Sommer kann die Milch auch mit beliebigem Fruchtsaft vermischt und mit Eiswürfeln serviert werden.

Milch aus gemahlenen Erdmandeln

100 g Erdmandelmehl
0,5 l Wasser

1. Erdmandelmehl und Wasser verrühren und bei Bedarf süßen. Stören die feinen Partikel, zusätzlich durch einen Nussmilchbeutel filtern.
2. Gemahlene Erdmandeln sollten baldmöglichst verarbeitet werden, da das Mehl rasch ranzig werden kann.

Im Folgenden noch ein Rezept für eine Erdmandelmilch, wie sie traditionell in der Gegend von Valencia/Spanien in Eisdielen und Milchbars verkauft wird, oftmals reichlich gesüßt und eisgekühlt:

Horchata de chufa

100 g Erdmandeln roh oder getrocknet
0,5 l Wasser
50 g Rohrzucker
etwas Zimt und etwas Zitronenschalenabrieb

Zubereitung gemäß Basisrezept.

Trester/Pulpe – Was tun mit den Rückständen?

Tester, auch Pulpe genannt, also die kleine Masse, die beim Filtern von Milch aus Getreide, Nüssen, Bohnen, Saaten oder Knollen manchmal übrig bleibt, sollte nicht entsorgt werden. Die Reste lassen sich vielfältig weiterverwenden, sei es im Müsli, im Joghurt, als Mehlersatz in Muffins, Pfannkuchen, Crackern, süßen Keksen, in selbstgemachten Brotaufstrichen, Hummus, Smoothies, Bratlingen, Energiebällchen und Riegeln oder zur Verfeinerung von Suppen und Saucen. Im Internet sind viele Rezepte zu finden, wie Trester verwertet werden kann. In Japan wird Trester als Nebenprodukt bei der Herstellung von Sojamilch und Tofu „Okara“ genannt und ist dort, gekühlt oder getrocknet, sogar in Läden erhältlich.

Im Folgenden ein paar Ideen, wie sich Trester schnell und einfach verwerten lässt. Wenn nicht gleich dafür Zeit ist, kann er im geschlossenen Glas 2 bis 3 Tage im Kühlschrank aufbewahrt werden. Alternativ, um größere Mengen zu sammeln, lässt sich Trester auch ein paar Monate lang einfrieren.

Brotaufstriche

Trester aus Nüssen, Hülsenfrüchten oder Erdmandeln mit dem Fruchtfleisch einer Avocado vermengen und mit Knoblauch, Öl, Pfeffer und Salz abschmecken. Alles pürieren.

Brotaufstrich orientalischer Art: Trester aus Ölsaaten wie Kürbis- oder Sonnenblumenkernen mit dem Fruchtfleisch einer gebackenen Auber-

gine vermengen und mit Olivenöl, Sesammus, etwas Zitronensaft, Knoblauch, Salz, Pfeffer und Kreuzkümmel herzhaft abschmecken. Alles pürieren.

Pikanter Brotaufstrich: Trester mit kleingeschnittenen Oliven und getrockneten Tomaten sowie Olivenöl und etwas Chilischote und anderen Gewürzen vermengen und pürieren. Alternativ Trester mit frischen Kräutern wie Petersilie und Koriander, etwas Gemüsebrühe, Öl, Pfeffer und Salz vermischen.

Vegane „Käsecreme": Nusstrester, feingeschnittenen Knoblauch, Kokosöl, Bierhefe, Salz, etwas frischen Zitronensaft und Senf miteinander verrühren. Falls die Masse zu dick ist, etwas Gemüsebrühe zugeben. Alternativ die dicke Creme zu Bällchen rollen und in frischen gehackten Kräutern wälzen.

Schokoaufstrich: Nuss- oder Lupinentrester mit ein paar kleingeschnittenen Datteln oder mit Honig, Kakao, etwas Öl, Vanille oder Zimt und einer Prise Salz mit etwas Wasser zu einer sämigen Konsistenz pürieren.

Damit sich die Aromen gut entwickeln können, vor dem Verzehr am besten alle Brotaufstriche im Kühlschrank ein paar Stunden ruhen lassen.

Getreidebratlinge

Trester aus Getreide mit einer kleingehackten, vorher angebratenen Zwiebel oder Schalotte, mit fein geriebenem Gemüse (Karotte, Sellerie, Zucchini o.ä.) und etwas Gemüsebrühe, geriebenem Käse (optional) sowie Salz, Pfeffer, Paprika und evtl. süßem Senf und einem Ei (optional) gut mit den Händen durchkneten. Sollte die Masse zu flüssig sein, ein wenig kleingehackte Haferflocken zugeben. Mit nassen Händen kleine Patties formen und bei sanfter Hitze in der Pfanne goldbraun braten.

Hackfleischersatz

Ungesüßten Trester in einer Pfanne auf kleiner Flamme trocknen lassen, dann in Öl krümelig anbraten und mit Salz, Pfeffer, Paprika etc. würzen.

Topping

Nusstrester im Dörrer trocknen und als Topping auf Joghurt, Müsli und Nachspeisen verwenden.

Hautpflege

Trester, z.B. von Hafer, aber auch von anderen Getreiden und Samen enthalten Mikronährstoffe, die gut für die Haut sind, z.B. vermengt mit ein bisschen Avocado oder Quark als Gesichtsmaske mit feuchtigkeitsspendender, reinigender und peelender Wirkung. Auch dem warmen Badewasser zugefügt, hat Trester eine wohltuende Wirkung.
Und noch eine Idee: Trester als Peeling in selbstgemachten Seifen.

Hundekekse

Die Ballaststoffe im ungesüßten Trester sind auch für Hunde gesund. Aus Nuss-, Getreide- und Samentrester können mit Gemüse und etwas Öl leckere Hundekekse gebacken werden.

Hartschaliger Trester

Trester von hartschaligen Samen wie Kanariengras besser als Vogel- oder Hühnerfutter verwenden. Sie sind für Menschen nicht gut verdaulich.

Weitere Bücher im ökobuch Verlag

Anders gärtnern

Permakultur-Elemente im Hausgarten. Ob Kräuterspirale, Krater- bzw. Hochbeet, Kartoffelturm, Wurmfarm oder Erdgewächshaus mit Hühnerstall, bei allem dient die Natur als Vorbild. Mit vielen Anleitungen für einen Hausgarten, in dem die Bereiche harmonisch zusammenwirken und sich gegenseitig fördern. Von Margit Rusch. 96 Seiten, mit vielen farbigen Abbildungen, 14,95 €

Mein kleiner Permakultur-Garten

300 kg Ernte auf 150 m² Fläche mitten in der Stadt. Der Autor Josef Chauffrey beschreibt die Kultivierung eines Reihenhausgartens nach Permakultur-Prinzipien und zeigt, wie sich beachtliche Ernteerfolge an Obst u. Gemüse erzielen lassen. 110 Seiten, mit vielen farbigen Abbildungen, 14,95 €

Das Biogarten-Praxisbuch

Anleitung zum naturgemäßen Gärtnern in Bildern. Hier wird das notwendige Wissen vermittelt, um erfolgreich den Boden zu bestellen und reichhaltig gesundes Obst und Gemüse zu ernten. Susanne Bruns. 224 Seiten, viele Abbildungen, 18,95 €

Permakultur im Hausgarten

Mit diesem Buch gibt der Autor einen Leitfaden an die Hand, wie ein Hausgarten Stück für Stück zum persönlichen und vielseitigen Permakultur-Garten gestaltet oder umgestaltet werden kann. Jonas Gampe. 144 Seiten, mit vielen Abbildungen, 16,95 €

Auf 300 qm Gemüseland

… den Bedarf eines Haushalts ziehen. Wie man auf kleinstem Raum einen Nutzgarten anlegt und erfolgreich bewirtschaftet, können wir von unseren Vorfahren lernen. Mit schnellen, praktischen, alphabetisch geordneten Infos über die wesentlichen Pflanzen, über Anbau- und Arbeitsmethoden. Von Arthur Janson. Neugestalteter Nachdruck der Erstausgabe von 1926. 170 Seiten, 13,95 €

Saatgut aus dem Hausgarten

Nach einer Einführung in die Saatgutgewinnung und in die Praxis der Vermehrung werden die nötigen Hilfsmittel, Ernte, Reinigung und Lagerung der Samen sowie Aussaat und Aufzucht beschrieben. Mit kurzen Pflanzenporträts aller im Hausgarten üblichen Kräuter, Gemüse und Blumen. Von Marlies Ortner. 138 Seiten, mit vielen farbigen Abbildungen, 19,90 €

Trocknen und Dörren mit der Sonne

Bau & Betrieb von Solartrocknern. Ein Buch für alle, die einen funktionstüchtigen Solartrockner kostengünstig selbst bauen möchten, um Obst, Gemüse und Kräuter natürlich und hochwertig haltbar zu machen. Außerdem: Praxis des Trocknens mit vielen Tipps aus langjähriger Erfahrung. Herausgegeben von Claudia Lorenz-Ladener. 96 Seiten, mit vielen farbigen Abbildungen, 13,95 €

Terrassen und Decks aus Holz selbst gebaut

Planungsüberlegungen, sinnvolle Konstruktionen, Materialempfehlungen. Viele Beispiele und Schritt-für-Schritt-Bilder vermitteln das Wissen zum Bau schöner Holzdecks. Von Peter Himmelhuber. 102 Seiten, mit vielen farbigen Abbildungen, 14,95 €

Mein Garten lebt

Vögel, Schmetterlinge, Igel, Wildbienen und andere nützliche Tiere ansiedeln. Mit Bauanleitungen und Gestaltungsideen, um durch Nisthilfen, Schlafquartiere u.ä, Gärten tierfreundlich zu gestalten. Von Peter Himmelhuber. 96 Seiten, mit vielen farbigen Abbildungen, 14,95 €

Natürlich konservieren

Die 250 besten Rezepte, um Gemüse und Obst möglichst naturbelassen haltbar zu machen und ein maximum an Vitaminen, Nährstoffen und Geschmack zu erhalten. Herausgegeben von Terre Vivante. 160 Seiten, mit vielen Abbildungen, 14,95 €

Trockenmauern für den Garten

Bauanleitung & Gestaltungsideen. Ob Sitzplätze oder Hochbeete einzufassen, eine Hangfläche zu terrassieren oder das Grundstück einzugrenzen: Mit einfachen Werkzeugen kann jeder kostengünstig eine schöne und dauerhafte Trockenmauer selbst bauen. Von Jana Spitzer und Reiner Dittrich. 96 Seiten, mit vielen farbigen Abbildungen, 13,95 €

Hütten von Kindern selbst gebaut

Das Buch zeigt schön illustriert, wie Kinder ohne großen Aufwand ihr eigenes kleines Reich erschaffen können, mit Baumaterialien, die fast alle draußen zu finden sind: Spielhäuschen, Kuppelbau, Schlupfwinkel, Beobachtungsversteck. Ab 8 Jahre. Von Louis Espinassous. 58 Seiten, mit vielen Abbildungen, 13,95 €

Kleine Baumhäuser und Hütten

... kinderleicht gebaut. Hier wird gezeigt, wie Baum- und Stelzenhäuser gebaut werden können. Mit Anleitungen für verschiedene Konstruktionen und Bildern von realisierten Beispielen. Von David Stiles. 96 Seiten, mit vielen farbigen Abbildungen, 14,95 €

Holzbacköfen im Garten

Detaillierte Bauanleitungen vom einfachen Lehmofen bis zum gemauerten Brotbackhäuschen. Mit vielen Erfahrungen und Ratschlägen sowie pfiffigen Tipps und Rezepten. Herausgegeben von Claudia Lorenz-Ladener. 138 Seiten, mit vielen Abbildungen, 15,95 €

Gestalten mit Stein im Garten

Pflastern von Wegen, Terrassen und Zufahrten, Anlegen von Treppen und das Errichten von Mauern und Hangbefestigungen, mit Hinweisen zur Materialwahl, zu Aufwand und Kosten, und mit Anregungen für eigenes Schaffen. Von Peter Himmelhuber. 126 Seiten, mit vielen farbigen Abbildungen, 15,95 €

Naturkeller

Grundlagen der Kühllagerung und Anleitungen für Planung und Bau naturgekühlter Lagerräume im Haus und Freiland. Von Claudia Lorenz-Ladener. 140 Seiten, mit vielen Abbildungen, 19,90 €

Gestalten mit Holz im Garten

Bodenbeläge, Holzdecks, Zäune, Rankgerüste, Lauben. Bauanleitungen und Gestaltungsideen für Nützliches und Dekoratives aus Schnittholz und aus grünem Holz. Von Heidi Howcroft. 136 Seiten, mit vielen Abbildungen, 18,95 €

Einfache Lauben und Hütten selbst gebaut

Einfache Paradiese zum Selbstbauen. Bauanleitungen für schnell zu errichtende Behausungen (Tipi, Baumhaus, Kuppelbau, Hogan etc.), sowie für schöne Lauben für den Garten oder die freie Natur. Von Claudia Lorenz-Ladener. 160 Seiten, mit vielen farbigen Abbildungen, 16,95 €

Kleine grüne Archen

Passivsolare Gewächshäuser als Alternative zum transparenten Standard-Gewächshaus. Das Buch zeigt, wie Solargewächshäuser freistehend, angelehnt oder teilweise in der Erde versenkt auch selbst gebaut werden können. Von Claudia Lorenz-Ladener. 128 Seiten, mit vielen farbigen Abbildungen, 22,90 €

Mit Weiden bauen

Anleitungen für Zäune, Laubengänge, Wigwams, Sitzplätze und grüne Kuppeln. Arbeiten mit lebendem Material, aus dem sich viele schöne, nützliche Dinge herstellen lassen.
Von Jon Warnes. 60 Seiten, mit vielen farbigen Abbildungen, 12,95 €

Färben mit Pflanzen

Färbepflanzen - Rezepte - Anwendung. Aufbereitung und Anwendung heimischer Färbepflanzen zum Färben von Wolle und Stoffen werden in zahlreichen Rezepten detailliert beschrieben.
Von Dorit Berger. 96 Seiten, mit vielen farbigen Abbildungen, 14,95 €

Bauen mit Frischholz

Vom Spalier bis zur Laube – frisches grünes Holz ist ein ausgezeichnetes Material, um daraus nützliche Gartenobjekte herzustellen. Mit Schritt-für-Schritt-Anleitungen für Pflanzbehälter, Spaliere, Bänke, Lauben usw. Von Alan und Gill Bridgewater. 80 Seiten, mit vielen Abbildungen, 12,95 €

Essbare Wildpflanzen aus dem Hausgarten

150 Arten: Obst, Kräuter, Gemüse. Wie eine dauerhafte Pflanzenlandschaft aus fruchttragenden Bäumen und Sträuchern, wilden Stauden sowie Kräutern und essbaren Bodendeckern geschaffen werden kann. Mit mehr als 70 Pflanzenporträts essbarer Wildfrüchte, Wildkräuter und Wildgemüse und Tipps zu deren Verwertung. Von Marlies Ortner. 126 Seiten, mit vielen Abbildungen, 15,95 €

Bunte Körbe aus Gräsern und Kräutern

Die Technik des Korbwickelns neu entdeckt. Anleitungen zur Herstellung von bunten Körben durch Wickeln und Vernähen von Strängen aus heimischen Faserpflanzen. Mit vielen Schritt-für-Schritt-Anleitungen. Von Walter Friedl. 96 Seiten, mit vielen farbigen Abbildungen, 17,95 €

Hauserneuerung

Instandsetzen - Modernisieren - Energiesparen - Umbauen: mit Anleitung zur Selbsthilfe. Das Buch beschreibt ausführlich den behutsamen, handwerklich sachgerechten und umweltverträglichen Umgang mit alter Bausubstanz. Von G. Haefele, W. Oed und L. Sabel. 256 Seiten, mit vielen Abbildungen, 28,90 €

Vom Altbau zum Effizienzhaus

Energietechnische Gebäudesanierung in der Praxis: Nachträgliche Wärmedämmung der Gebäudehülle, Fenstererneuerung, sowie Sanierung der Haustechnik einschließlich Lüftung, Heizung, Sanitär und Elektro. Hrsg. von Ingo Gabriel und Heinz Ladener. 200 Seiten, mit vielen farbigen Abbildungen, 36,- €

Praxis: Holzfassaden

Material, Planung, Ausführung. Das Buch zeigt nicht nur die gestalterischen Möglichkeiten moderner Holzfassaden, sondern stellt zahlreiche vorbildliche Beispiele und Detaillösungen mit Ecken, Sockel, Dach- und Fensteranschlüssen vor. Von Ingo Gabriel. 112 Seiten, mit vielen farbigen Abbildungen, 28,- €

Handbuch Lehmbau

Umfassendes Lehrbuch und Nachschlagewerk: Es zeigt Einsatzmöglichkeiten, Eigenschaften und Verarbeitungstechniken des Baustoffes Lehm. Mit Forschungsergebnissen und Beschreibungen ausgeführter Lehmhäuser. Von Gernot Minke. 222 Seiten, mit vielen Abbildungen, 38,- €

Neues Bauen mit Stroh in Europa

Bauen mit großformatigen Quadern aus gepresstem Stroh: gebaute Beispiele, erprobte Bauformen und Konstruktionen, Besonderheiten, neue Projekte und Forschungen. Von H. u. A. Gruber u. H. Santler. 112 Seiten, mit vielen Abbildungen, 14,95 €

Handbuch Strohballenbau

Ein Konstruktions-Handbuch, das Konzeption, Bautechnik und alle Details beschreibt, um aus Strohballen gut gedämmte, dauerhafte Häuser zu bauen. Mit vielen Konstruktionsdetails und Beispielen. Von Gernot Minke und Benjamin Krick. 152 Seiten, mit vielen farbigen Abbildungen, 29,90 €

Haus der Zukunft

Ein Drittel aller Treibhausgase entsteht (noch) bei uns Zuhause. Das Buch möchte motivieren und zeigen, wie unser Zuhause in 20 bis 40 Jahren aussehen könnte und welche Wege dorthin führen. Von Simon Grieger. 196 Seiten, mit vielen farbigen Abbildungen, 24,90 €

Regenwasser für Garten und Haus

Ein kompetenter Ratgeber für Planung und Bau von Regenwassersammelanlagen nach dem Stand der Technik: Bemessung, Genehmigung, Speichertanks, Pumpen, Rohrleitungen, Zubehör. Von Karlheinz Böse. 96 Seiten, mit vielen Abbildungen, 16,95 €

Autonome Stromversorgung

Auslegung, Aufbau und Praxis autonomer Stromversorgungsanlagen mit Batteriespeicher für Beleuchtung und für netzferne Handwerks- u. Landwirtschaftsbetriebe. Von Philipp Brückmann und Georg Bopp. 126 Seiten, mit vielen Abbildungen, 18,95 €

Unsere Bücher erhalten Sie in allen Buchhandlungen.
www.oekobuch.de · E-Mail: verlag@oekobuch.de

ökobuch
Zukunft leben